여행 베트남어 무작정 따라하기
The Cakewalk Series-TRAVEL VIETNAMESE

초판 발행 · 2024년 11월 30일

지은이 · 체리혜리(김혜리)
발행인 · 이종원
발행처 · (주)도서출판 길벗
브랜드 · 길벗이지톡
출판사 등록일 · 1990년 12월 24일
주소 · 서울시 마포구 월드컵로 10길 56(서교동)
대표전화 · 02)332-0931 | **팩스** · 02)323-0586
홈페이지 · www.gilbut.co.kr | **이메일** · eztok@gilbut.co.kr

기획 및 책임편집 · 오윤희(tahiti01@gilbut.co.kr) | **표지 디자인** · 강은경 | **제작** · 이준호, 손일순, 이진혁
마케팅 · 장봉석, 최소영 | **유통혁신** · 한준희 | **영업관리** · 심선숙 | **독자지원** · 윤정아

편집진행 및 교정 · 강미정 | **본문 디자인** · 이도경 | **본문 일러스트** · 정윤성 | **전산편집** · 강미정
오디오 녹음 · 와이알미디어 | **CTP 출력 및 인쇄** · 정민인쇄 | **제본** · 정민인쇄

길벗이지톡은 길벗출판사의 성인어학서 출판 브랜드입니다.

- 잘못 만든 책은 구입한 서점에서 바꿔 드립니다.
- 이 책은 저작권법에 따라 보호받는 저작물이므로 무단전재와 무단복제를 금합니다.
  이 책의 전부 또는 일부를 이용하려면 반드시 사전에 저작권자와 (주)도서출판 길벗의 서면 동의를 받아야 합니다.
- 책 내용에 대한 문의는 길벗 홈페이지(www.gilbut.co.kr) 고객센터에 올려 주세요.

ISBN 979-11-407-1119-2 03730
(길벗 도서번호 301045)

© 김혜리, 2024
정가 16,000원

독자의 1초까지 아껴주는 정성 길벗출판사

(주)도서출판 길벗 | IT교육서, IT단행본, 경제경영서, 어학&실용서, 인문교양서, 자녀교육서 www.gilbut.co.kr
길벗스쿨 | 국어학습, 수학학습, 어린이교양, 주니어 어학학습, 학습단행본 www.gilbutschool.co.kr

PREFACE
작가의 말

베트남어를 알면 여행이 더 즐거워진다!

요즘 우리나라에서 베트남은 한 번도 다녀오지 않은 사람이 거의 없을 정도로 인기 있는 여행지입니다. 비교적 저렴한 비용으로 아름다운 자연, 맛있는 음식, 색다른 액티비티, 이국적인 문화를 경험할 수 있기 때문이죠. 제가 2013년 베트남에 머물던 시기에는 호찌민 시에 한국인이 별로 없었는데, 그후 매년 베트남에 갈 때마다 한국인이 점점 많아져 깜짝 놀랐습니다. 또 초기에는 패키지로 베트남 여행을 가시는 분들이 많았지만 요즘은 자유 여행을 선호하는 분들이 늘었죠.

요즘은 인터넷, 유튜브, 각종 SNS 덕분에 여행지 정보를 편하게 모을 수 있습니다. 하지만 실제 이야기를 들어 보면 호텔이나 유명 관광지 외에는 영어가 잘 안 통해서, '조금이라도 베트남어를 알았더라면 더 재미있었을 텐데!' 하며 아쉬워하더라고요. 또 현지인들은 여행객이 '감사합니다, 안녕하세요, 죄송합니다' 같은 기초 베트남어만 해줘도 정말 감동일 것 같다고 해요.

흔히 언어 속엔 그 나라의 문화가 녹아 있다고 하죠. 그 나라의 언어를 들여다보면 문화를 조금이나마 더 알 수 있게 됩니다. '베트남어는 성조가 6개 있구나, 이 단어는 한국어와 발음이 똑같네? 왜 똑같을까?' 이렇게 하나씩 배우다 보면 베트남이라는 나라를 자연스럽게 알게 될 거예요.

《여행 베트남어 무작정 따라하기》에는 베트남어 전공, 어학연수, 유튜브 채널 운영까지 약 10년의 경험을 토대로 하여 여행에 꼭 필요한 단어와 표현만 골라 넣었습니다. 이 책은 독자의 편리성을 고려해 2권으로 구성되어 있어서, 여행 가기 전에는 〈1권, 미리 보는 책〉, 여행할 때는 〈2권, 가서 보는 책〉을 참고하시면 더욱 즐거운 여행을 할 수 있을 겁니다.

그들의 말을 알아듣지 못하더라도 자신의 의사를 베트남어로 표현하는 것은 큰 의미가 있습니다. 베트남어는 꽤 까다로운 편이기 때문에 외국인이 베트남어를 하리라고 전혀 기대하지 않아요. 이럴 때 베트남어로 몇 마디 건네면 현지인과 더욱 친근하고 쉽게 교류할 수 있지 않을까요?

알면 알수록 한국과 베트남의 문화는 여러 방면에서 많이 닮은 듯 다릅니다. 하지만 무더운 베트남을 여행하다 보면 곳곳에서 베트남인들의 따뜻한 정을 느낄 수 있을 거예요.
그럼 모두들 즐겁고 안전한 여행하세요!

김혜리

INSTRUCTIONS

여행 베트남어 무작정 따라하기 일러두기

① 미리 보는 책 : 여행 베트남어를 체계적으로 학습하고 싶은 분께 추천합니다. 실제 상황을 고려해 보다 풍성한 표현을 익히고 싶다면 2주 코스를 목표로 학습해 보세요. 당신의 여행이 달라집니다!

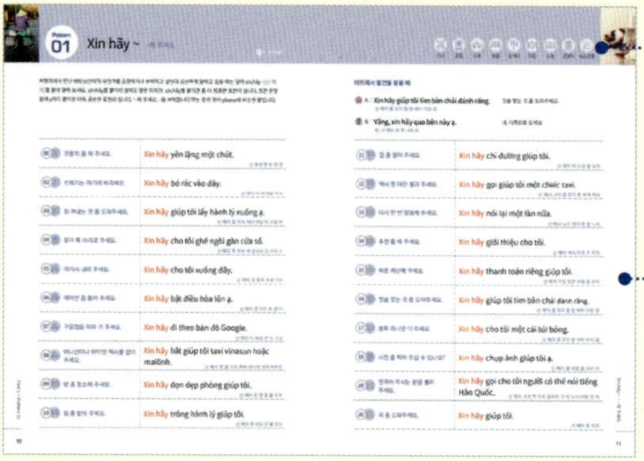

출국부터 귀국까지!
기내-공항-교통-호텔-길거리-식당-쇼핑-관광지-위급상황별로 꼭 필요한 핵심 표현만 담았습니다!

30개 핵심 패턴으로 빈틈없이!
하나의 패턴에 단어만 바꾸면 수십 가지 문장을 말할 수 있습니다!

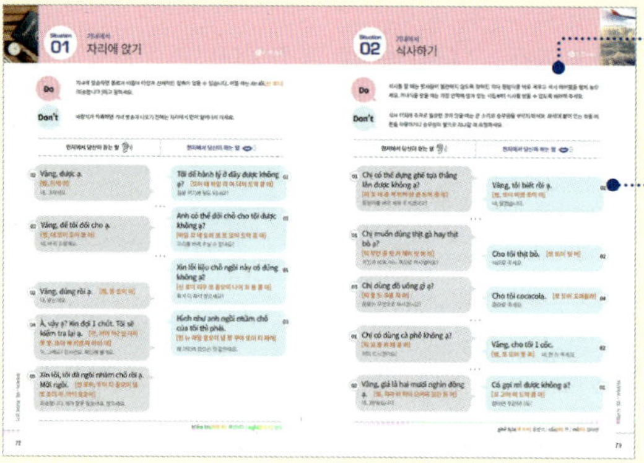

앞에서 학습한 패턴을 실제 상황에서 어떻게 쓰는지 상황별로 연습합니다.

듣는 말과 하는 말을 구분하여 집중 학습이 가능합니다. 상황에 따라 다양한 질문과 대답을 선택해 학습합니다.

기내 · 공항 · 교통 · 호텔 · 길거리 · 식당 · 쇼핑 · 관광지 · 위급상황

 **가서 보는 책** : 기내에서, 공항에서, 여행하면서 언제 어디서나 참고할 수 있는 활용편입니다. 필요한 정보만 쏙쏙 골라 담아, 여행 내내 유용하게 활용할 수 있습니다!

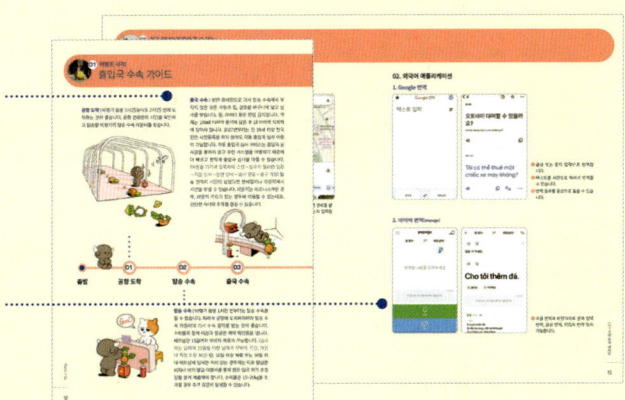

해외여행이 처음이라도 걱정하지 마세요!

출입국 수속 가이드부터 비자 발급 받는 법까지 자세한 설명을 담았습니다.

여행에 유용한 애플리케이션 활용 방법을 친절하게 소개합니다.

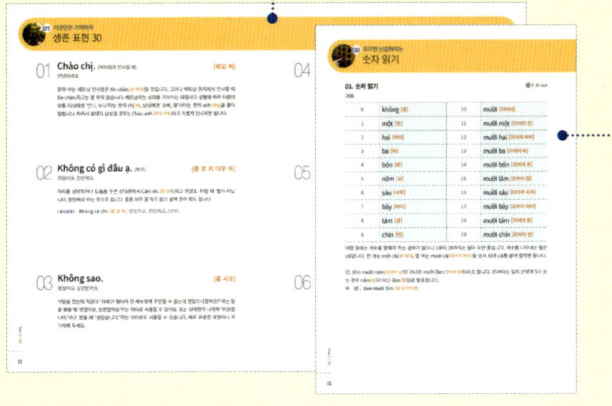

이것만은 꼭!

꼭 알아 둬야 할 가장 기초적인 표현 30개만 모았습니다.

모르면 난감해지는 날짜, 시간, 화폐 등 숫자 읽기를 한눈에 볼 수 있게 정리했습니다.

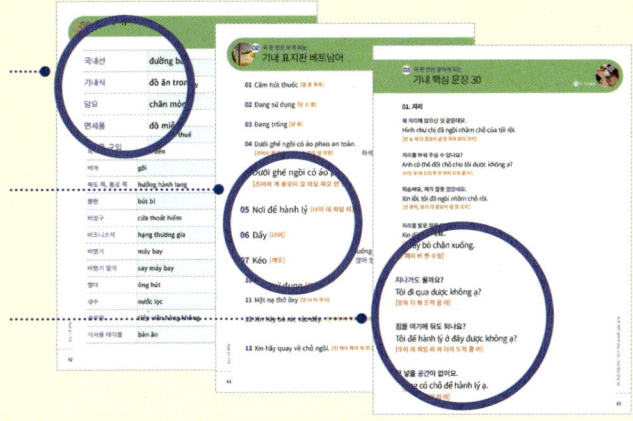

각 상황별 핵심 단어를 읽고 말할 수 있도록 정리했습니다!

상황에 따라 꼭 알아야 하는 '표지판 베트남어'를 확인합니다.

지금 꼭 필요한 베트남어를 바로 바로 찾아서 말할 수 있습니다!

TABLE OF CONTENTS
목차

PART 1

이것만은
알고 가자!
핵심 패턴
30

PATTERN 01	**Xin hãy ~**	~해 주세요	12
PATTERN 02	**Cho tôi ~**	~주세요	14
PATTERN 03	**Tôi muốn ~**	~하고 싶습니다, ~을 원합니다	16
PATTERN 04	**Tôi sẽ ~**	~할 예정입니다, ~할 겁니다	18
PATTERN 05	**có ~ • không có ~**	~이 있습니다, ~이 없습니다	20
PATTERN 06	**Tôi có thể ~**	~할 수 있나요?	22
PATTERN 07	**~ ở đâu ạ?**	~은 어디 있어요?	24
PATTERN 08	**~ bao nhiêu (tiền)?**	~얼마예요?	26
PATTERN 09	**~ là (cái) gì?**	~이 뭐예요?	28
PATTERN 10	**Khi nào ~**	언제 ~하나요?	30
PATTERN 11	**Mấy giờ ~**	몇 시에 ~	32
PATTERN 12	**Mất bao lâu?**	얼마나 걸려요?	34
PATTERN 13	**~ như thế nào?**	어떻게 ~ 하나요?	36
PATTERN 14	**Tại sao ~ ?**	왜 ~ ?	38
PATTERN 15	**(Cái) nào ~**	어느 것 ~	40
PATTERN 16	**~ là ~**	~입니다	42
PATTERN 17	**của ~**	~의 것입니다	44
PATTERN 18	**Tôi ~ nhầm**	잘못 ~ 했어요	46
PATTERN 19	**Tôi bị đau ~**	~이 아파요	48
PATTERN 20	**Tôi bị mất ~**	~을 잃어버렸어요	50
PATTERN 21	**~ bị hỏng**	~이 고장 났어요	52
PATTERN 22	**Tôi biết ~ • Không biết ~**	~을 알아요, ~을 몰라요	54

PATTERN 23	~ quá 너무 ~ 해요	 56
PATTERN 24	~ một chút 조금 ~ 해요, 좀 ~해 주세요	 58
PATTERN 25	Xin đừng ~ ~ 하지 말아 주세요	 60
PATTERN 26	Hãy giúp tôi ~ ~ 하는 것 좀 도와주세요	 62
PATTERN 27	Chắc là 아마 ~인 것 같아요	 64
PATTERN 28	Tôi phải ~ 꼭 ~ 해야 합니다	 66
PATTERN 29	Tôi thích ~ · Tôi không thích ~ ~을 좋아해요, ~을 안 좋아해요	 68
PATTERN 30	Cảm ơn vì đã ~ ~ 해 주셔서 감사해요	 70

PART 2
실전에서는 이렇게 쓰자! 실제 상황 50

SITUATION 01	기내에서 **자리에 앉기**	 74
SITUATION 02	기내에서 **식사하기**	 75
SITUATION 03	기내에서 **기타 상황**	 76
SITUATION 04	공항에서 **입국 심사에서**	 77
SITUATION 05	공항에서 **수하물 파손 및 분실했을 때**	 78
SITUATION 06	공항에서 **환전**	 79
SITUATION 07	공항에서 **비행기를 놓쳤을 때**	 80
SITUATION 08	공항에서 **비행기 체크인**	 81
SITUATION 09	공항에서 **비행기가 연착됐을 때**	 82
SITUATION 10	공항에서 **유심 칩 사기**	 83

TABLE OF CONTENTS

SITUATION 11	공항에서 **택시 타기**	 84
SITUATION 12	교통에서 **공항 버스 타기**	 85
SITUATION 13	교통에서 **오토바이 타기**	 86
SITUATION 14	교통에서 **택시 투어 하기**	 87
SITUATION 15	교통에서 **슬리핑 버스 예약하기**	 88
SITUATION 16	교통에서 **슬리핑 버스 타기**	 89
SITUATION 17	호텔에서 **예약하기**	 90
SITUATION 18	호텔에서 **투어 예약하기**	 91
SITUATION 19	호텔에서 **룸 서비스 이용하기**	 92
SITUATION 20	호텔에서 **식사 시간 · 장소 물어보기**	 93
SITUATION 21	호텔에서 **각종 서비스 물어보기**	 94
SITUATION 22	호텔에서 **클레임 걸기**	 95
SITUATION 23	호텔에서 **체크아웃 하기**	 96
SITUATION 24	길거리에서 **음료 · 아이스크림 주문하기**	 97
SITUATION 25	길거리에서 **길 물어보기**	 98
SITUATION 26	식당에서 **커피 주문하기**	 99
SITUATION 27	식당에서 **식당에서 주문하기**	 100
SITUATION 28	식당에서 **식당 예약하기**	 101
SITUATION 29	식당에서 **식사 중에**	 102
SITUATION 30	식당에서 **클레임 걸기**	 103
SITUATION 31	식당에서 **계산하기**	 104

SITUATION 32	식당에서 **패스트푸드점에서**	 105
SITUATION 33	쇼핑에서 **매장 위치 물어보기**	 106
SITUATION 34	쇼핑에서 **옷 사기**	 107
SITUATION 35	쇼핑에서 **시장에서 흥정하기**	 108
SITUATION 36	쇼핑에서 **신발 구입하기**	 109
SITUATION 37	쇼핑에서 **아오자이 맞추기**	 110
SITUATION 38	쇼핑에서 **과일 가게에서**	 111
SITUATION 39	쇼핑에서 **특정 물건을 사려고 할 때**	 112
SITUATION 40	관광지에서 **여행사에서 투어 예약하기**	 113
SITUATION 41	관광지에서 **우체국에서 편지·소포 보내기**	 114
SITUATION 42	관광지에서 **박물관·관광지에서**	 115
SITUATION 43	관광지에서 **사진 촬영 요청하기**	 116
SITUATION 44	관광지에서 **마사지 받을 때**	 117
SITUATION 45	관광지에서 **입장권 구입하기**	 118
SITUATION 46	관광지에서 **장비 대여하기**	 119
SITUATION 47	위급상황에서 **병원에서**	 120
SITUATION 48	위급상황에서 **경찰서에서 도난 신고하기**	 121
SITUATION 49	위급상황에서 **여권을 분실했을 때**	 122
SITUATION 50	위급상황에서 **약국에서**	 123

PART 1

이것만은 알고 가자!
핵심 패턴 30

Pattern 01 Xin hãy ~ ~해 주세요

여행지에서 만난 베트남인에게 무언가를 요청하거나 부탁하고 싶은데 공손하게 말하고 싶을 때는 앞에 xin hãy ~[신 해 이]를 붙여 말해 보세요. xin hãy를 붙이지 않아도 말은 되지만, xin hãy를 붙이면 좀 더 정중한 표현이 됩니다. 또한 문장 끝에 ạ까지 붙이면 더욱 공손한 표현이 됩니다. '~해 주세요, ~을 부탁합니다'라는 뜻의 영어 please와 비슷한 말입니다.

01	조용히 좀 해 주세요.	**Xin hãy** yên lặng một chút.
		신 해이 옌 랑 못 쭛

02	쓰레기는 여기에 버리세요.	**Xin hãy** bỏ rác vào đây.
		신 해이 버 작 바오 더이

03	짐 꺼내는 것 좀 도와주세요.	**Xin hãy** giúp tôi lấy hành lý xuống ạ.
		신 해이 줍 또이 러이 하잉 리 수엉 아

04	창가 쪽 자리로 주세요.	**Xin hãy** cho tôi ghế ngồi gần cửa sổ.
		신 해이 쪼 또이 게 응오이 건 끄어 소

05	여기서 내려 주세요.	**Xin hãy** cho tôi xuống đây.
		신 해이 쪼 또이 수엉 더이

06	에어컨 좀 틀어 주세요.	**Xin hãy** bật điều hòa lên ạ.
		신 해이 벗 디우 화 렌 아

07	구글맵을 따라 가 주세요.	**Xin hãy** đi theo bản đồ Google.
		신 해이 니 태오 반 도 구글

08	비나선이나 마이린 택시를 잡아 주세요.	**Xin hãy** bắt giúp tôi taxi vinasun hoặc mailinh.
		신 해이 밧 줍 또이 딱씨 비나썬 호악 마이린

09	방 좀 청소해 주세요.	**Xin hãy** dọn dẹp phòng giúp tôi.
		신 해이 존 잽 퐁 줍 또이

10	짐 좀 맡아 주세요.	**Xin hãy** trông hành lý giúp tôi.
		신 해이 쫑 하잉 리 줍 또이

기내　공항　교통　호텔　길거리　식당　쇼핑　관광지　위급상황

마트에서 물건을 찾을 때

A : Xin hãy giúp tôi tìm bàn chải đánh răng.　칫솔 찾는 것 좀 도와주세요.
신 해이 즙 또이 띰 반 짜이 다잉 장

B : Vâng, xin hãy qua bên này ạ.　네, 이쪽으로 오세요.
벙, 신 해이 꽈 벤 나이 아

11	길 좀 알려 주세요.	**Xin hãy** chỉ đường giúp tôi. 신 해이 찌 드엉 즙 또이
12	택시 한 대만 불러 주세요.	**Xin hãy** gọi giúp tôi một chiếc taxi. 신 해이 고이 즙 또이 못 찌엑 딱씨
13	다시 한 번 말씀해 주세요.	**Xin hãy** nói lại một lần nữa. 신 해이 노이 라이 못 런 느어
14	추천 좀 해 주세요.	**Xin hãy** giới thiệu cho tôi. 신 해이 저이 티우 쪼 또이
15	따로 계산해 주세요.	**Xin hãy** thanh toán riêng giúp tôi. 신 해이 타잉 또안 지엥 즙 또이
16	칫솔 찾는 것 좀 도와주세요.	**Xin hãy** giúp tôi tìm bàn chải đánh răng. 신 해이 즙 또이 띰 반 짜이 다잉 장
17	봉투 하나만 더 주세요.	**Xin hãy** cho tôi một cái túi bóng. 신 해이 쪼 또이 못 까이 뚜이 봉
18	사진 좀 찍어 주실 수 있나요?	**Xin hãy** chụp ảnh giúp tôi ạ. 신 해이 쭙 아잉 즙 또이 아
19	한국어 하시는 분을 불러 주세요.	**Xin hãy** gọi cho tôi người có thể nói tiếng Hàn Quốc. 신 해이 고이 쪼 또이 응어이 꼬 테 노이 띠엥 한 꿕
20	저 좀 도와주세요.	**Xin hãy** giúp tôi. 신 해이 즙 또이

Xin hãy ~ ·· 해 주세요

Pattern 02 Cho tôi ~ ~주세요

🔊 1_02.mp3

여행을 가면 무언가를 요구해야 하는 경우가 많이 생깁니다. 이럴 땐 cho tôi[쪼 또이] 뒤에 원하는 것을 붙여서 말해 보세요. 앞에 xin hãy[신 해이]를 붙여 Xin hãy cho tôi ~[신 해이 쪼 또이]라고 하면 더욱 정중한 표현이 됩니다.

01	담요 한 장을 더 주시겠어요?	**Cho tôi** thêm 1 cái chăn mỏng được không ạ? 쪼 또이 템 못 까이 짠 몽 드억 콩 아
02	창가 자리로 주세요.	Xin **cho tôi** chỗ ngồi ở cạnh cửa sổ. 신 쪼 또이 쪼 응오이 어 까잉 끄어 소
03	오토바이 타는 법 좀 알려 주세요.	Xin hãy chỉ **cho tôi** cách đi xe máy. 신 해이 찌 쪼 또이 까익 디 쌔 마이
04	저기 약국 앞에 세워 주세요.	Xin hãy dừng trước hiệu thuốc **cho tôi**. 신 해이 증 쯔억 히우 투옥 쪼 또이
05	트윈 룸으로 주세요.	**Cho tôi** phòng 2 giường. 쪼 또이 퐁 하이 즈엉
06	금연석으로 주세요.	**Cho tôi** chỗ ngồi cấm hút thuốc. 쪼 또이 쪼 응오이 껌 훗 투옥
07	코코넛 커피 두 잔 주세요.	**Cho tôi** 2 cốc cà phê dừa. 쪼 또이 하이 꼭 까 페 즈어
08	얼음을 좀 더 주세요.	**Cho tôi** thêm ít đá. 쪼 또이 템 잇 다
09	메뉴판 좀 주세요.	**Cho tôi** thực đơn. 쪼 또이 특 던
10	이 음식으로 둘 주세요.	**Cho tôi** hai suất này. 쪼 또이 하이 쑤엇 나이

기내 공항 교통 호텔 길거리 식당 쇼핑 관광지 위급상황

방을 예약할 때

A : **Anh muốn phòng nào ạ?**
아잉 무언 퐁 나오 아

어떤 방으로 드릴까요?

B : **Cho tôi phòng có 2 giường.**
쪼 또이 퐁 꼬 하이 즈엉

트윈 룸으로 주세요.

11	의자 하나 더 주세요.	**Cho tôi thêm một cái ghế nữa.** 쪼 또이 템 못 까이 게 느어
12	S 사이즈 보여 주세요.	**Cho tôi xem cỡ S.** 쪼 또이 쌤 꺼 에스
13	좀 더 깎아 주세요.	**Xin hãy bớt cho tôi.** 신 해이 벗 쪼 또이
14	마스크 한 장 주세요.	**Cho tôi một cái khẩu trang.** 쪼 또이 못 까이 커우 짱
15	비옷 하나 주세요.	**Cho tôi một cái áo mưa.** 쪼 또이 못 까이 아오 므어
16	이거 말고 딴 것으로 주세요.	**Cho tôi cái khác.** 쪼 또이 까이 칵
17	환불해 주세요.	**Cho tôi trả lại.** 쪼 또이 짜 라이
18	저에게 설명 좀 해 주세요.	**Xin hãy giải thích cho tôi.** 신 해이 쟈이 틱 쪼 또이
19	아오자이 입는 법 좀 가르쳐 주세요.	**Xin hãy chỉ cho tôi cách mặc áo dài.** 신 해이 찌 쪼 또이 까익 막 아오 자이
20	사진 좀 찍어 주실 수 있을까요?	**Xin hãy chụp ảnh cho tôi.** 신 해이 쭙 아잉 쪼 또이

Cho tôi ~ ~주세요

Pattern 03 — Tôi muốn ~ ~하고 싶습니다, ~을 원합니다

 1_03.mp3

물건을 살 때, 어디를 찾아갈 때 등 자신의 의사를 표현할 때 쓸 수 있는 패턴입니다. 직역을 하면 muốn[무언]은 '원하다'라는 뜻이지만 '필요하다'는 뜻도 포함되어 있습니다.

01	항공 예약을 변경하고 싶어요.	**Tôi muốn** đổi vé máy bay đã đặt.
		또이 무언 도이 배 마이 바이 다 닷
02	하노이 대성당에 가고 싶습니다.	**Tôi muốn** đi đến nhà thờ lớn Hà Nội.
		또이 무언 디 덴 냐 터 런 하 노이
03	6인승 택시를 타고 싶습니다.	**Tôi muốn** đi xe taxi 6 chỗ.
		또이 무언 디 쌔 딱씨 사우 쪼
04	다딴라 폭포까지 버스를 타고 가고 싶습니다.	**Tôi muốn** đi đến thác Datanla bằng xe buýt.
		또이 무언 디 덴 탁 다딴라 방 쌔 부잇
05	오토바이를 빌리고 싶어요.	**Tôi muốn** thuê xe máy.
		또이 무언 퉤 쌔 마이
06	사이공 호텔로 가 주세요.	**Tôi muốn** đi Hotel Saigon.
		또이 무언 디 호텔 사이곤
07	더블 룸 말고 트윈 룸으로 주세요.	**Tôi muốn** thuê phòng 2 giường chứ không phải phòng 1 giường lớn.
		또이 무언 퉤 퐁 하이 즈엉 쯔 콩 파이 퐁 못 즈엉 런
08	베트남 커피를 마시고 싶습니다.	**Tôi muốn** uống cà phê Việt Nam.
		또이 무언 우옹 까 페 비엣 남
09	바인미를 먹고 싶습니다.	**Tôi muốn** ăn bánh mì.
		또이 무언 안 바잉 미
10	바인미 하나, 밀크티 한 잔 주세요.	**Tôi muốn** một bánh mì và 1 cốc trà sữa.
		또이 무언 못 바잉 미 바 못 꼭 짜 쓰어

기내　공항　교통　호텔　길거리　식당　쇼핑　관광지　위급상황

음식을 주문할 때

A : Anh muốn dùng gì ạ?
아잉 무언 중 지 아

뭐 드릴까요?

B : Tôi muốn 1 bánh mì và 1 cốc trà sữa.
또이 무언 못 바잉 미 바 못 꼭 짜 쓰어

바인미 하나, 밀크티 한 잔 주세요.

11	이거 하나 더 주문하고 싶어요.	**Tôi muốn gọi thêm một món này.** 또이 무언 고이 템 못 몬 나이
12	기념품을 구입하고 싶습니다.	**Tôi muốn mua đồ lưu niệm.** 또이 무언 무어 도 루 니엠
13	환불 받고 싶어요.	**Tôi muốn trả lại hàng.** 또이 무언 짜 라이 항
14	한 개 사고 싶어요.	**Tôi muốn mua 1 cái.** 또이 무언 무어 못 까이
15	아오자이를 맞추고 싶어요.	**Tôi muốn đặt may áo dài.** 또이 무언 닷 마이 아오 자이
16	선물용 커피를 사고 싶은데요.	**Tôi muốn mua cà phê để làm quà.** 또이 무언 무어 까 페 데 람 꽈
17	마사지를 받고 싶어요.	**Tôi muốn dùng dịch vụ mát-xa.** 또이 무언 중 직 부 맛사
18	일일 투어를 신청하고 싶어요.	**Tôi muốn đăng kí tour du lịch 1 ngày.** 또이 무언 당 끼 투어 쥬 릭 못 응아이
19	케이블카를 타고 싶어요.	**Tôi muốn đi cáp treo.** 또이 무언 디 깝 째오
20	도난 신고를 하고 싶은데요.	**Tôi muốn khai báo mất cắp.** 또이 무언 카이 바오 멋 깝

Tôi muốn ~ : ~하고 싶습니다, ~을 원합니다

Pattern 04

Tôi sẽ ~ ~할 예정입니다, ~할 겁니다

 1_04.mp3

예정된 일을 이야기할 때 쓰는 패턴입니다. 베트남어는 시제에 따라 동사가 바뀌지 않고 동사 앞에 sẽ[쌔]만 붙여주면 미래형이 됩니다. 매우 간단하죠? 또한 내일, 다음 주, 내년 등 미래를 의미하는 명사를 앞에 붙이면 굳이 sẽ를 붙이지 않아도 미래 시제 문장이 됩니다. 간단한 주문을 할 때도 쓰기 좋은 표현입니다.

01	24일에 귀국할 예정입니다.	Tôi sẽ về nước ngày 24. 또이 쌔 베 느억 응아이 하이 므어이 뜨
02	5박 정도 더 머물 거예요.	Tôi sẽ ở lại đây thêm 5 ngày nữa. 또이 쌔 어 라이 더이 템 남 응아이 느어
03	공항에서 비자를 받을 거예요.	Tôi sẽ nhận visa ở sân bay. 또이 쌔 년 비자 어 선 바이
04	저는 호안끼엠에 갈 예정입니다.	Tôi sẽ đi Hồ Hoàn Kiếm. 또이 쌔 디 호 호안 끼엠
05	벤탄 시장에서 내릴 겁니다.	Tôi sẽ xuống ở chợ Bến Thành. 또이 쌔 수엉 어 쩌 벤 타잉
06	언제 출발하나요?	Khi nào sẽ xuất phát ạ? 키 나오 쌔 수엇 팟 아
07	다시 해 보죠.	Tôi sẽ thử làm lại. 또이 쌔 트 람 라이
08	다시 전화할게요.	Tôi sẽ gọi điện lại. 또이 쌔 고이 디엔 라이
09	차로 할게요.	Tôi sẽ uống trà. 또이 쌔 우옹 짜
10	다시 올게요.	Tôi sẽ lại đến. 또이 쌔 라이 덴

기내 공항 교통 호텔 길거리 식당 쇼핑 관광지 위급상황

택시를 탔을 때

A : **Anh đi đâu ạ?**
아잉 디 더우 아

어디까지 가세요?

B : **Tôi sẽ xuống ở chợ Bến Thành.**
또이 쌔 수엉 어 쩌 벤 타잉

벤탄 시장에서 내릴 겁니다.

11	카드로 계산할 겁니다.	**Tôi sẽ** thanh toán bằng thẻ. 또이 쌔 타잉 또안 방 태
12	좀 더 생각해 볼게요.	**Tôi sẽ** suy nghĩ thêm một chút. 또이 쌔 수이 응이 템 못 쭛
13	6개 살 거예요.	**Tôi sẽ** mua 6 cái. 또이 쌔 무어 사우 까이
14	그건 친구한테 선물할 거예요.	**Tôi sẽ** tặng cái đó cho bạn. 또이 쌔 땅 까이 도 쪼 반
15	그럼 다른 가게 갈게요.	**Tôi sẽ** đi cửa hàng khác. 또이 쌔 디 끄어 항 칵
16	호텔에서 쉴 거예요.	**Tôi sẽ** nghỉ ở khách sạn. 또이 쌔 응이 어 카익 산
17	저는 비행기를 탈 거예요.	**Tôi sẽ** đi máy bay. 또이 쌔 디 마이 바이
18	괜찮아요, 휴대폰 가지고 탈게요.	Không sao. **Tôi sẽ** cầm theo điện thoại ạ. 콩 사오. 또이 쌔 껌 태오 디엔 토와이 아
19	몇 시까지 픽업하러 오시나요?	Mấy giờ anh **sẽ** đến đón ạ? 머이 져 아잉 쌔 덴 던 아
20	공안에 연락하겠어요.	**Tôi sẽ** liên lạc với công an. 또이 쌔 리엔 락 버이 꽁 안

Tôi sẽ ~ : ~할 예정입니다, ~할 겁니다

Pattern 05: có ~ · không có ~

~이 있습니다, ~이 없습니다

🎧 1_05.mp3

có[꼬]는 소유하고 있을 경우, không có[콩 꼬]는 소유하지 않을 경우 사용합니다. '무엇을 가지고 있습니까?'라는 의문문을 만들 때는 〈Có + 목적어 + không?〉의 형태로 사용하여 '(목적어)를 가지고 있습니까?'로도 사용할 수 있고, 목적어가 아닌 형용사를 대신 사용할 경우 '(형용사) 합니까?'라는 뜻으로도 사용할 수 있습니다. 이외에도 식당에서 '~이 있습니까?'라고 물어보며 요구할 때도 쓸 수 있습니다.

01	짐 넣을 공간이 없어요.	Không có chỗ để hành lý ạ. 콩 꼬 쪼 데 하잉 리 아
02	저는 비자가 있습니다.	Tôi có visa. 또이 꼬 비자
03	캐리어 2개와 배낭이 있어요.	Tôi có 2 cái vali và 1 cái ba lô. 또이 꼬 하이 까이 바리 바 못 까이 바 로
04	신고할 물건은 없습니다.	Tôi không có món đồ khai báo. 또이 콩 꼬 몬 도 카이 바오
05	시간이 없어요.	Tôi không có thời gian. 또이 콩 꼬 터이 지안
06	방에 수건이 없어요.	Trong phòng không có khăn tắm. 쫑 퐁 콩 꼬 칸 땀
07	티비 리모컨이 없어요.	Không có điều khiển tivi. 콩 꼬 디우 키엔 띠비
08	뜨거운 물이 안 나와요.	Không có nước nóng ạ. 콩 꼬 느억 농 아
09	네 명인데요, 자리 있나요?	Chúng tôi có 4 người, có chỗ không ạ? 쭝 또이 꼬 본 응어이, 꼬 쪼 콩 아
10	영어 메뉴판 있나요?	Có thực đơn Tiếng Anh không ạ? 꼬 특 던 띠엥 아잉 콩 아

기내　공항　교통　호텔　길거리　식당　쇼핑　관광지　위급상황

식당에서

A : **Có thực đơn Tiếng Anh không ạ?**
꼬 특 던 띠엥 아잉 콩 아
영어 메뉴판 있나요?

B : **Vâng, tôi sẽ mang đến ngay.**
벙, 또이 쌔 망 덴 응아이
네, 곧 가져다 드릴게요.

11	차가운 것으로 있나요?	**Có cái gì mát không ạ?** 꼬 까이 지 맛 콩 아
12	이 음식 있나요?	**Có món này không ạ?** 꼬 몬 나이 콩 아
13	창가 자리 있나요?	**Có chỗ gần cửa không ạ?** 꼬 쪼 건 끄어 콩 아
14	젓가락이 없어요.	**Không có đũa.** 콩 꼬 두어
15	현금이 없어요.	**Tôi không có tiền mặt.** 또이 콩 꼬 띠엔 맛
16	잔돈이 없어요.	**Tôi không có tiền lẻ.** 또이 콩 꼬 띠엔 래
17	조금 큰 것 있나요?	**Có cái to không ạ?** 꼬 까이 떠 콩 아
18	이 상품 새것 있나요?	**Cái này có cái mới không ạ?** 까이 나이 꼬 까이 머이 콩 아
19	상비약을 가지고 있지 않아요.	**Tôi không có thuốc dự phòng.** 또이 콩 꼬 투옥 쥬 퐁
20	여행자 보험이 있어요.	**Tôi có bảo hiểm du lịch.** 또이 꼬 바오 히엠 쥬 릭

có ~, không có ~ ・ ~이 있습니다, ~이 없습니다

Pattern 06 Tôi có thể ~ ~할 수 있나요?

 1_06.mp3

여행을 하다 보면 상대의 동의나 허락을 구해야 할 경우가 많이 생깁니다. 무언가를 하기 전에 '~해도 될까요?'라고 정중하게 물어보기 위해서는 '제가 ~해도 될까요?'라는 뜻의 Tôi có thể[또이 꼬 테] 뒤에 동작을 나타내는 말을 붙이면 됩니다. 베트남어는 보통 주어를 생략하지 않지만 có thể를 사용할 때는 나를 의미하는 tôi[또이] 또는 상대를 가리키는 대명사 anh/chị[아잉/찌]를 생략해도 됩니다.

01	다음 비행기를 예약할 수 있나요?	**Tôi có thể** đặt vé chuyến bay tiếp theo không ạ? 또이 꼬 테 닷 배 쭈옌 바이 띠엡 태오 콩 아
02	호찌민 가는 항공편은 몇 번 게이트에서 탑승해야 하나요?	**Tôi có thể** lên cửa số mấy để đi Thành Phố Hồ Chí Minh ạ? 또이 꼬 테 렌 끄어 소 머이 데 디 타잉 포 호 찌 민 아
03	환전은 어디서 하나요?	**Tôi có thể** đổi tiền ở đâu ạ? 또이 꼬 테 도이 띠엔 어 더우 아
04	오토바이를 빌릴 수 있나요?	**Tôi có thể** thuê xe máy được không ạ? 또이 꼬 테 퉤 쌔 마이 드억 콩 아
05	자리를 바꿔 주실 수 있나요?	**Chị có thể** đổi chỗ cho tôi được không ạ? 찌 꼬 테 도이 쪼 쪼 또이 드억 콩 아
06	헬스장을 이용해도 되나요?	**Tôi có thể** sử dụng phòng tập gym được không ạ? 또이 꼬 테 스 중 퐁 떱 짐 드억 콩 아
07	이 숙소에서 머무를 수 있나요?	**Tôi có thể** nghỉ lại ở đây được không ạ? 또이 꼬 테 응이 라이 어 더이 드억 콩 아
08	객실이 더러워요. 객실을 청소해 주시겠습니까?	Phòng bẩn quá. **Có thể** dọn phòng giúp tôi được không ạ? 퐁 번 꽈. 꼬 테 죤 퐁 즙 또이 드억 콩 아
09	여기 앉아도 되나요?	**Tôi có thể** ngồi ở đây được không ạ? 또이 꼬 테 응오이 어 더이 드억 콩 아
10	이 메뉴를 주문할 수 있나요?	**Tôi có thể** gọi món này được không ạ? 또이 꼬 테 고이 몬 나이 드억 콩 아

| 기내 | 공항 | 교통 | 호텔 | 길거리 | 식당 | 쇼핑 | 관광지 | 위급상황 |

비행기를 예약할 때

A : Tôi có thể đặt vé chuyến bay tiếp theo không ạ?
또이 꼬 테 닷 배 쭈엔 바이 띠엡 태오 콩 아

다음 비행기를 예약할 수 있나요?

B : Vâng, chuyến bay tiếp theo là vào lúc 3 giờ 30 phút ạ.
벙, 쭈엔 바이 띠엡 태오 라 바오 룩 바 져 바 므어이 풋 아

네, 다음 비행기는 3시 30분입니다.

11	포장되나요?	**Có thể mang về được không ạ?** 꼬 테 망 베 드억 콩 아
12	화장실을 사용해도 되나요?	**Tôi có thể sử dụng nhà vệ sinh được không ạ?** 또이 꼬 테 스 중 냐 베 신 드억 콩 아
13	할인 쿠폰을 사용할 수 있나요?	**Tôi có thể sử dụng phiếu giảm giá được không ạ?** 또이 꼬 테 스 중 피우 잠 지아 드억 콩 아
14	먹어 봐도 되나요?	**Tôi có thể ăn thử được không ạ?** 또이 꼬 테 안 트 드억 콩 아
15	카드로 계산해도 되나요?	**Tôi có thể thanh toán bằng thẻ được không ạ?** 또이 꼬 테 타잉 또안 방 태 드억 콩 아
16	지금 입장할 수 있나요?	**Tôi có thể đi vào bây giờ được không ạ?** 또이 꼬 테 디 바오 버이 져 드억 콩 아
17	둘이 탈 수 있나요?	**Có thể lên hai người được không ạ?** 꼬 테 렌 하이 응어이 드억 콩 아
18	여기서 담배를 피워도 되나요?	**Tôi có thể hút thuốc ở đây được không ạ?** 또이 꼬 테 훗 투옥 어 더이 드억 콩 아
19	수영복을 대여할 수 있나요?	**Tôi có thể thuê quần áo bơi được không ạ?** 또이 꼬 테 뛔 꿘 아오 버이 드억 콩 아
20	사진을 찍어도 되나요?	**Tôi có thể chụp ảnh được không ạ?** 또이 꼬 테 쭙 아잉 드억 콩 아

Pattern 07 ~ ở đâu ạ? ~은 어디 있어요?

 1_07.mp3

여행을 하다 보면 위치를 물어야 하는 경우가 많이 생기죠. 위치를 묻는 가장 쉽고 정중한 표현입니다. ở đâu ạ[어 더우 아] 앞에 가려는 목적지를 넣어서 말하면 됩니다.

01	제 자리는 어디예요?	Chỗ của tôi ở đâu ạ?
		쪼 꾸아 또이 어 더우 아
02	3번 탑승구는 어디 있나요?	Cửa lên số 3 ở đâu ạ?
		끄어 렌 소 바 어 더우 아
03	비엣젯에어 체크인은 어디서 하나요?	Khu check-in vé của Vietjet air ở đâu ạ?
		쿠 체크인 배 꾸아 비엣젯 에어 어 더우 아
04	수하물 추가 요금은 어디서 계산하나요?	Tiền nộp thêm hành lý thanh toán ở đâu ạ?
		띠엔 놉 템 하잉 리 타잉 또안 어 더우 아
05	관광 안내소는 어디에 있습니까?	Điểm hướng dẫn du lịch ở đâu ạ?
		디엠 흐엉 전 쥬 릭 어 더우 아
06	조식은 어디서 먹나요?	Bữa sáng ăn ở đâu ạ?
		브어 상 안 어 더우 아
07	여기서 제일 가까운 편의점은 어디 있어요?	Cửa hàng tiện lợi gần nhất ở đâu ạ?
		끄아 항 띠엔 러이 건 녓 어 더우 아
08	ATM은 어디 있나요?	Cây ATM ở đâu ạ?
		꺼이 에이티엠 어 더우 아
09	스타벅스는 어디에 있나요?	Quán cà phê Starbucks ở đâu ạ?
		꽌 까 페 스타벅 어 더우 아
10	여기서 제일 큰 콩카페는 어디 있나요?	Ở đây quán Cộng Cà Phê lớn nhất ở đâu ạ?
		어 더이 꽌 꽁 까 페 런 녓 어 더우 아

기내 공항 교통 호텔 길거리 식당 쇼핑 관광지 위급상황

위치를 물어볼 때

A : **Nhà vệ sinh ở đâu ạ?**
냐 베 신 어 더우 아

화장실 어디 있어요?

B : **Chị rẽ trái là đến.**
찌 재 짜이 라 덴

저기 왼쪽으로 가시면 있어요.

11	이 식당은 어디 있어요?	Quán ăn này *ở đâu ạ?*
		꽌 안 나이 어 더우 아
12	화장실 어디 있어요?	Nhà vệ sinh *ở đâu ạ?*
		냐 베 신 어 더우 아
13	어디서 기다리나요?	Tôi có thể đợi *ở đâu ạ?*
		또이 꼬 테 더이 어 더우 아
14	커피 코너는 어디에 있어요?	Gian hàng cà phê *ở đâu ạ?*
		지안 항 까 페 어 더우 아
15	기념품은 어디서 사나요?	Đồ lưu niệm mua *ở đâu ạ?*
		도 루 니엠 무어 어 더우 아
16	티켓 사는 곳은 어디 있어요?	Điểm bán vé *ở đâu ạ?*
		디엠 반 배 어 더우 아
17	케이블카는 어디서 타나요?	Nơi lên cáp treo *ở đâu ạ?*
		너이 렌 깝 째오 어 더우 아
18	입구가 어디인가요?	Lối vào *ở đâu ạ?*
		로이 바오 어 더우 아
19	놀이기구는 어디서 탈 수 있나요?	Lối lên *ở đâu ạ?*
		로이 렌 어 더우 아
20	근처에 가까운 약국이 어디 있을까요?	Nhà thuốc gần nhất là *ở đâu ạ?*
		냐 투옥 건 녓 라 어 더우 아

~ ở đâu ạ? · ~은 어디 있어요?

Pattern 08 ~ bao nhiêu (tiền)? ~얼마예요?

 1_08.mp3

가격, 수량, 정도 또는 나이 등을 물어볼 때 쓰는 패턴입니다. 돈을 뜻하는 tiền[띠엔]을 붙이지 않고 Bao nhiêu?[바오 니우]라고만 말해도 '얼마예요?'라는 뜻으로 쓰입니다.

01	수하물이 총 몇 킬로그램인가요?	Tổng hành lý là bao nhiêu cân ạ? 똥 하잉 리 라 바오 니우 껀 아
02	기내에는 몇 킬로그램까지 가지고 탈 수 있나요?	Hành lý xách tay được bao nhiêu cân ạ? 하잉 리 싸익 따이 드억 바오 니우 껀 아
03	수하물은 몇 킬로그램까지 무료인가요?	Hành lý ký gửi được miễn phí bao nhiêu cân ạ? 하잉 리 끼 그이 드억 미엔 피 바오 니우 껀 아
04	변경 수수료는 얼마인가요?	Tiền phí phát sinh là bao nhiêu ạ? 띠엔 피 팟 신 라 바오 니우 아
05	호안끼엠까지 택시 대절해서 가면 얼마인가요?	Thuê xe taxi đến Hồ Hoàn Kiếm hết bao nhiêu tiền ạ? 퉤 쎄 딱씨 덴 호 호안 끼엠 헷 바오 니우 띠엔 아
06	버스비가 얼마인가요?	Vé xe buýt bao nhiêu tiền ạ? 배 쎄 부잇 바오 니우 띠엔 아
07	하룻밤에 얼마예요?	Một đêm bao nhiêu tiền ạ? 못 뎀 바오 니우 띠엔 아
08	보증금이 얼마예요?	Tiền cọc là bao nhiêu tiền ạ? 띠엔 꼭 라 바오 니우 띠엔 아
09	몇 살이에요?	Chị bao nhiêu tuổi? 찌 바오 니우 뚜어이
10	이거 얼마예요?	Cái này bao nhiêu tiền ạ? 까이 나이 바오 니우 띠엔 아

기내　공항　교통　호텔　길거리　식당　쇼핑　관광지　위급상황

가격을 물어볼 때

A : **Cái này bao nhiêu tiền ạ?**
까이 나이 바오 니우 띠엔 아
이거 얼마예요?

B : **Ba trăm nghìn đồng ạ.**
바 짬 응인 동 아
30만동입니다.

11	다 합쳐서 얼마인가요?	**Tổng là bao nhiêu tiền ạ?** 똥 라 바오 니우 띠엔 아
12	얼마나 깎아 주실 수 있어요?	**Có thể bớt bao nhiêu tiền ạ?** 꼬 테 벗 바오 니우 띠엔 아
13	그 옆에 있는 것은 얼마예요?	**Cái ở bên cạnh bao nhiêu tiền ạ?** 까이 어 벤 까잉 바오 니우 띠엔 아
14	한 개에 얼마예요?	**Một cái bao nhiêu tiền ạ?** 못 까이 바오 니우 띠엔 아
15	얼마라고요?	**Bao nhiêu tiền cơ ạ?** 바오 니우 띠엔 꺼 아
16	아오자이를 맞추면 얼마인가요?	**Đặt may áo dài thì hết bao nhiêu tiền ạ?** 닷 마이 아오 자이 티 헷 바오 니우 띠엔 아
17	1일 투어는 1인당 얼마인가요?	**Tour du lịch 1 ngày bao nhiêu tiền 1 người ạ?** 투어 쥬 릭 못 응아이 바오 니우 띠엔 못 응어이 아
18	그럼 얼마를 내야 하나요?	**Tôi phải trả bao nhiêu tiền ạ?** 또이 파이 짜 바오 니우 띠엔 아
19	얼마나 높은가요?	**Cao bao nhiêu ạ?** 까오 바오 니우 아
20	몇 명까지 가능한가요?	**Tối đa được bao nhiêu người ạ?** 또이 다 드억 바오 니우 응어이 아

Pattern 09 ~ là (cái) gì? ~이 뭐예요?

여행을 가면 궁금한 게 참 많죠. 생소한 음식, 낯선 물건 등 처음 듣는 단어들도 많을 거예요. 그럴 때는 이 패턴을 써서 무엇인지 적극적으로 물어보세요. 궁금증을 해결하다 보면 여행이 더욱 즐거워질 거예요.

01	이유가 뭐죠?	Lý do **là gì**?
		리 죠 라 지
02	와이파이 비밀번호가 뭔가요?	Mật khẩu wifi **là gì** ạ?
		멋 커우 와이파이 라 지 아
03	이게 무슨 냄새죠?	Mùi này **là** mùi **gì** nhỉ?
		무이 나이 라 무이 지 니
04	이건 무슨 비용이에요?	Đây **là** phí **gì**?
		더이 라 피 지
05	저쪽 분들이 먹고 있는 메뉴는 무엇인가요?	Món ăn mà mấy vị kia đang ăn **là gì** ạ?
		몬 안 마 머이 비 끼아 당 안 라 지 아
06	이 집에서 제일 인기 있는 메뉴는 뭔가요?	Ở đây thực đơn được yêu thích nhất **là gì**?
		어 더이 특 던 드억 이우 틱 녓 라 지
07	주소가 뭐에요?	Địa chỉ **là gì**?
		디아 찌 라 지
08	오늘의 특별 메뉴는 뭔가요?	Thực đơn đặc biệt của hôm nay **là gì**?
		특 던 닥 비엣 꾸아 홈 나이 라 지
09	이게 뭔가요?	Đây **là cái gì**?
		더이 라 까이 지
10	저건 대체 뭐예요?	Cái kia **là cái gì** ạ?
		까이 끼아 라 까이 지 아

| 기내 | 공항 | 교통 | 호텔 | 길거리 | 식당 | 쇼핑 | 관광지 | 위급상황 |

시장에서

A : **Cái kia là cái gì?**
까이 끼아 라 까이 지
저건 대체 뭐예요?

B : **Kia là vòng tay làm từ vỏ quả dừa.**
끼아 라 봉 따이 람 뜨 버 꽈 즈어
코코넛 껍질로 만든 팔찌예요.

11	달랏의 특산품은 뭔가요?	**Đặc sản của Đà Lạt là gì?** 닥 산 꾸아 다 랏 라 지
12	저기 빨간 것은 뭐예요?	**Cái màu đỏ kia là gì?** 까이 머우 도 끼아 라 지
13	이건 무슨 맛이에요?	**Đây là vị gì?** 더이 라 비 지
14	영어로 하면 뭔가요?	**Cái này tiếng Anh là gì?** 까이 나이 띠엥 아잉 라 지
15	이걸 뭐라고 부르나요?	**Cái này gọi là gì?** 까이 나이 고이 라 지
16	그게 무슨 뜻이에요?	**Cái đó có nghĩa là gì ạ?** 까이 도 꼬 응이아 라 지 아
17	오늘이 무슨 날이에요?	**Hôm nay là ngày gì?** 홈 나이 라 응아이 지
18	저기 있는 건물의 이름은 뭐예요?	**Tòa nhà đằng kia tên là gì?** 또아 냐 당 끼아 뗀 라 지
19	이 거리의 이름은 뭔가요?	**Đường này tên là gì ạ?** 드엉 나이 뗀 라 지 아
20	뭐가 문제죠?	**Vấn đề là gì?** 번 데 라 지

~ là (cái) gì? · ~이 뭐예요?

Pattern 10 — Khi nào ~ 언제 ~하나요?

🔊 1_10.mp3

Khi nào[키 나오]는 시간이나 어떤 일정에 관해서 물어볼 때 사용하는 표현입니다. Khi nào 뒤에 〈주어+동사〉를 쓰고 여러분이 물어보고 싶은 내용을 넣어서 말하면 됩니다.

01	언제 출발하나요?	**Khi nào** sẽ xuất phát ạ? 키 나오 쌔 수엇 팟 아
02	빈펄랜드엔 언제 도착하나요?	**Khi nào** sẽ đến Vinpearl land ạ? 키 나오 쌔 덴 빈펄 랜드 아
03	달랏에 가는 버스는 언제 오나요?	**Khi nào** xe buýt đi Đà Lạt đến ạ? 키 나오 쌔 부잇 디 다 랏 덴 아
04	몇 시까지 터미널로 오면 될까요?	Đến **khi nào** mình nên đến bến xe ạ? 덴 키 나오 민 넨 덴 벤 쌔 아
05	휴게소엔 언제 도착하나요?	**Khi nào** đến trạm dừng chân ạ? 키 나오 덴 짬 증 쩐 아
06	수영장은 언제부터 언제까지 사용할 수 있나요?	Có thể sử dụng bể bơi từ **khi nào** đến **khi nào** ạ? 꼬 테 스 중 베 버이 뜨 키 나오 덴 키 나오 아
07	조식은 언제 시작하나요?	Bữa sáng **khi nào** bắt đầu ạ? 브어 상 키 나오 밧 더우 아
08	언제 음식이 나오나요?	**Khi nào** có đồ ăn ạ? 키 나오 꼬 도 안 아
09	사장님은 언제 오나요?	**Khi nào** giám đốc đến ạ? 키 나오 잠 독 덴 아
10	언제 문을 여나요?	**Khi nào** mở cửa ạ? 키 나오 머 끄어 아

기내 　 공항 　 교통 　 호텔 　 길거리 　 식당 　 쇼핑 　 관광지 　 위급상황

가게 오픈 시간을 물어볼 때

A : **Khi nào mở cửa ạ?**
키 나오 머 끄어 아

언제 문을 여나요?

B : **Mở cửa lúc 10 giờ sáng ạ.**
머 끄어 룩 므어이 져 상 아

오전 10시에 엽니다.

11	공연을 언제 시작하나요?	**Khi nào** buổi biểu diễn bắt đầu ạ? 키 나오 부어이 비우 지엔 밧 더우 아
12	언제가 좋을까요?	**Khi nào** thì được ạ? 키 나오 티 드억 아
13	언제 픽업 하러 오시나요?	**Khi nào** sẽ đến đón ạ? 키 나오 쌔 덴 던 아
14	우기는 언제 끝나나요?	**Khi nào** mùa mưa kết thúc ạ? 키 나오 무어 므어 껫 툭 아
15	꽃 축제는 언제부터인가요?	**Khi nào** bắt đầu lễ hội hoa ạ? 키 나오 밧 더우 레 호이 화 아
16	공사는 언제까지 계속되나요?	Việc xây dựng được tiến hành đến **khi nào** ạ? 비엑 서이 증 드억 띠엔 하잉 덴 키 나오 아
17	시간이 되면 갈게요.	**Khi nào** rảnh tôi sẽ đi. 키 나오 자잉 또이 쌔 디
18	저녁은 언제 먹나요?	**Khi nào** ăn tối ạ? 키 나오 안 또이 아
19	다음 상영은 언제인가요?	Suất chiếu tiếp theo là **khi nào** ạ? 쑤엇 찌우 띠엡 태오 라 키 나오 아
20	시간이 나시면 저 좀 도와주세요.	**Khi nào** có thời gian, xin hãy giúp tôi một chút nhé. 키 나오 꼬 터이 지안, 신 해이 좁 또이 못 쭛 네

Pattern 11

Mấy giờ ~ 몇 시에~

여행을 할 땐 1분 1초가 소중하고 10분, 20분 때문에 하루 일정에 차질이 생기기도 하죠. 시간에 관련된 것을 물어볼 때는 '몇 시에'를 뜻하는 mấy giờ[머이 져] 패턴을 사용해 보세요.

01	식사는 몇 시에 나옵니까?	**Mấy giờ** thì có đồ ăn ạ? 머이 져 티 꼬 도 안 아
02	현지 시간은 어떻게 됩니까?	Giờ địa phương là **mấy giờ** ạ? 져 디아 프엉 라 머이 져 아
03	탑승 시간은 몇 시죠?	**Mấy giờ** được lên ạ? 머이 져 드억 렌 아
04	가장 일찍 출발하는 버스는 몇 시 출발인가요?	Chuyến xe buýt sớm nhất khởi hành lúc **mấy giờ** ạ? 쭈옌 쌔 부잇 섬 녓 커이 하잉 룩 머이 져 아
05	몇 시부터 체크인 할 수 있나요?	Có thể check-in từ **mấy giờ** ạ? 꼬 테 체크인 뜨 머이 져 아
06	체크아웃 시간은 몇 시인가요?	Giờ check-out là **mấy giờ** ạ? 져 체크아웃 라 머이 져 아
07	조식은 몇 시부터 먹을 수 있나요?	Có thể ăn sáng từ **mấy giờ** ạ? 꼬 테 안 상 뜨 머이 져 아
08	루프톱 바는 몇 시까지 이용이 가능한가요?	Bar ngoài trời mở cửa đến **mấy giờ** ạ? 바 응와이 쩌이 머 끄어 덴 머이 져 아
09	룸 서비스는 몇 시부터 몇 시까지인가요?	Phục vụ phòng khách từ **mấy giờ** đến **mấy giờ** ạ? 푹 부 퐁 카익 뜨 머이 져 덴 머이 져 아
10	가게 문은 몇 시에 여나요?	**Mấy giờ** cửa hàng mở cửa ạ? 머이 져 끄어 항 머 끄어 아

기내　공항　교통　호텔　길거리　식당　쇼핑　관광지　위급상황

픽업 시간을 물어볼 때

A : Mấy giờ sẽ đến đón ạ?
머이 져 쌔 덴 던 아

몇 시에 픽업 하러 오시는 건가요?

B : Tôi sẽ đến đón vào 9 giờ sáng ngày mai ạ.
또이 쌔 덴 던 바오 찐 져 상 응아이 마이 아

내일 오전 9시에 픽업 하러 오겠습니다.

11	몇 시에 문을 닫나요?	**Mấy giờ** sẽ đóng cửa ạ? 머이 져 쌔 동 끄어 아
12	지금 몇 시인가요?	Bây giờ là **mấy giờ**? 버이 져 라 머이 져
13	케이블카 마지막 시간은 몇 시인가요?	Chuyến cáp treo cuối cùng là lúc **mấy giờ** ạ? 쭈엔 깝 째오 꾸이 꿍 라 룩 머이 져 아
14	이 버스는 몇 시에 출발하나요?	Xe buýt này **mấy giờ** khởi hành ạ? 쌔 부잇 나이 머이 져 커이 하잉 아
15	공연은 몇 시에 시작하나요?	Buổi biểu diễn bắt đầu lúc **mấy giờ** ạ? 부어이 비우 지엔 밧 더우 룩 머이 져 아
16	몇 시부터 할인 받을 수 있어요?	Có thể nhận được giảm giá từ **mấy giờ** ạ? 꼬 테 년 드억 잠 지아 뜨 머이 져 아
17	몇 시부터 수영장을 사용할 수 있어요?	Có thể sử dụng bể bơi từ **mấy giờ** ạ? 꼬 테 스 중 베 버이 뜨 머이 져 아
18	일출이 보통 몇 시인가요?	Bình thường mặt trời mọc lúc **mấy giờ** ạ? 빈 트엉 맛 쩌이 목 룩 머이 져 아
19	몇 시에 픽업 하러 오시는 건가요?	**Mấy giờ** sẽ đến đón ạ? 머이 져 쌔 덴 던 아
20	몇 시부터 야시장이 열리나요?	Chợ đêm mở từ **mấy giờ** ạ? 쩌 뎀 머 뜨 머이 져 아

Pattern 12 — Mất bao lâu? 얼마나 걸려요?

🔊 1_12.mp3

여행을 하다 보면 시간을 지키는 것도 중요하고 시간이 얼마나 걸릴지 궁금할 때가 많습니다. 어딘가로 이동할 때, 음식을 시켰을 때, 세탁을 맡겼을 경우 Mất bao lâu?[멋 바오 러우] 패턴을 써서 시간이 대략 얼마나 걸릴지 물어보세요.

01	호이안까지 얼마나 걸려요?	Đi đến Hội An **mất bao lâu ạ?** 디 덴 호이 안 멋 바오 러우 아
02	여기까지 오는 데 얼마나 걸리셨어요?	Đến đây **mất bao lâu ạ?** 덴 더이 멋 바오 러우 아
03	택시로 가면 대충 얼마나 걸릴까요?	Nếu đi bằng taxi thì **mất bao lâu ạ?** 네우 디 방 딱씨 티 멋 바오 러우 아
04	왕복하면 얼마나 걸리나요?	Đi hai chiều **mất bao lâu ạ?** 디 하이 찌우 멋 바오 러우 아
05	오토바이로 가면 얼마나 걸리나요?	Nếu đi bằng xe máy thì **mất bao lâu ạ?** 네우 디 방 쌔 마이 티 멋 바오 러우 아
06	얼마나 걸릴까요?	**Mất bao lâu?** 멋 바오 러우
07	배로 가면 얼마나 걸리죠?	Nếu đi bằng thuyền thì **mất bao lâu ạ?** 네우 디 방 투이엔 티 멋 바오 러우 아
08	시내까지는 얼마나 걸리나요?	Đi đến nội thành **mất bao lâu?** 디 덴 노이 타잉 멋 바오 러우
09	호텔까지 얼마나 걸리나요?	Đi đến khách sạn **mất bao lâu ạ?** 디 덴 카익 산 멋 바오 러우 아
10	기차로 가면 얼마나 걸려요?	Nếu đi bằng tàu thì **mất bao lâu ạ?** 네우 디 방 따우 티 멋 바오 러우 아

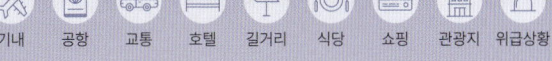

| 기내 | 공항 | 교통 | 호텔 | 길거리 | 식당 | 쇼핑 | 관광지 | 위급상황 |

소요 시간을 물어볼 때

A : Nếu đi bằng xe máy thì mất bao lâu ạ?
네우 디 방 쌔 마이 티 멋 바오 러우 아
오토바이로 가면 얼마나 걸리나요?

B : Mất khoảng 15 phút ạ.
멋 코왕 므어이 람 풋 아
한 15분 정도 걸려요.

11	도착까지 얼마나 남았나요?	Mất bao lâu thì đến nơi ạ? 멋 바오 러우 티 덴 너이 아
12	고치는 데 얼마나 걸릴까요?	Sửa mất bao lâu ạ? 스어 멋 바오 러우 아
13	방 청소가 다 되려면 얼마나 걸릴까요?	Dọn dẹp mất bao lâu ạ? 죤 잽 멋 바오 러우 아
14	빨래가 다 되려면 얼마나 걸려요?	Giặt đồ mất bao lâu ạ? 지앗 도 멋 바오 러우 아
15	여기서 걸어서 얼마나 걸릴까요?	Đi bộ từ đây thì mất bao lâu ạ? 디 보 뜨 더이 티 멋 바오 러우 아
16	이 길로 가면 얼마나 걸릴까요?	Nếu đi bằng đường này thì mất bao lâu ạ? 네우 디 방 드엉 나이 티 멋 바오 러우 아
17	음식 나오는 데 얼마나 걸려요?	Làm đồ ăn mất bao lâu ạ? 람 도 안 멋 바오 러우 아
18	자리가 날 때까지 얼마나 걸릴까요?	Mất bao lâu thì có chỗ ạ? 멋 바오 러우 티 꼬 쪼 아
19	아오자이가 다 만들어지려면 얼마나 걸려요?	Mất bao lâu đến khi làm xong áo dài ạ? 멋 바오 러우 덴 키 람 송 아오 자이 아
20	이거 만드는 데 얼마나 걸리셨어요?	Cái này làm mất bao lâu ạ? 까이 나이 람 멋 바오 러우 아

Pattern 13

~ như thế nào?

어떻게 ~ 하나요?

여행지에 가면 많은 것이 낯설죠. Như thế nào[느 테 나오]는 '어떻게'라는 뜻으로, 어떻게 해야 하는지 방법을 물을 때 쓰는 패턴입니다. 또한 '어떤가요?'라는 뜻으로도 사용할 수 있습니다. 목적지까지 가는 길을 몰라 도움을 청할 때 쓸 수도 있고 맛이 어떤지 물어볼 때도 사용할 수 있습니다.

01	에어컨은 어떻게 켭니까?	Bật điều hòa như thế nào? 벗 디우 화 느 테 나오
02	조명을 어떻게 끄나요?	Tắt đèn như thế nào ạ? 땃 댄 느 테 나오 아
03	하노이 대성당까지 어떻게 가나요?	Đi đến nhà thờ lớn Hà Nội như thế nào? 디 덴 냐 터 런 하 노이 느 테 나오
04	이 음식은 어떻게 먹나요?	Món này ăn như thế nào? 몬 나이 안 느 테 나오
05	계란은 어떻게 해 드릴까요?	Chị muốn ăn trứng như thế nào? 찌 무언 안 쯩 느 테 나오
06	창문을 어떻게 닫습니까?	Đóng cửa sổ như thế nào? 동 끄어 소 느 테 나오
07	한국 음식에 대해 어떻게 생각하세요?	Chị nghĩ như thế nào về món ăn Hàn Quốc? 찌 응이 느 테 나오 베 몬 안 한 꿕
08	예약은 어떻게 하나요?	Đặt trước như thế nào ạ? 닷 쯔억 느 테 나오 아
09	이 메뉴는 맛이 어때요?	Món này vị như thế nào? 몬 나이 비 느 테 나오
10	어떻게 하는 건지 보여 주세요.	Xin hãy cho tôi xem làm như thế nào. 신 해이 쪼 또이 쌤 람 느 테 나오

기내 공항 교통 호텔 길거리 식당 쇼핑 관광지 위급상황

식당에서

A : **Món này ăn như thế nào?**
몬 나이 안 뉴 테 나오

이 음식은 어떻게 먹나요?

B : **Cho tất cả vào bánh đa nem rồi quấn vào và chấm với nước sốt.**
쪼 떳 까 바오 바잉 다 냄 조이 꿘 바오 바 쩜 버이 느억 쏫

모든 재료를 라이스페이퍼 안에 넣고 싼 뒤 소스에 찍어 드세요.

11	이건 어떻게 발음해요?	**Cái này phát âm như thế nào?** 까이 나이 팟 엄 뉴 테 나오
12	어떻게 표를 살 수 있나요?	**Có thể mua vé như thế nào?** 꼬 테 무어 배 뉴 테 나오
13	문을 어떻게 열어요?	**Mở cửa như thế nào?** 머 끄어 뉴 테 나오
14	이 기계는 어떻게 사용하나요?	**Máy này sử dụng như thế nào?** 마이 나이 스 중 뉴 테 나오
15	케이블카 탑승은 어떻게 할 수 있나요?	**Lên cáp treo như thế nào?** 렌 깝 쨔오 뉴 테 나오
16	쓰레기를 어떻게 버리나요?	**Vứt rác như thế nào?** 붓 작 뉴 테 나오
17	여기 어떻게 들어가요?	**Đi vào như thế nào?** 디 바오 뉴 테 나오
18	아래 층에 어떻게 내려가나요?	**Đi xuống tầng dưới như thế nào ạ?** 디 수엉 떵 즈어이 뉴 테 나오 아
19	도중에 화장실에 가고 싶으면 어떻게 해야 하나요?	**Nếu muốn đi nhà vệ sinh thì phải làm như thế nào ạ?** 네우 무언 디 냐 베 신 티 파이 람 뉴 테 나오 아
20	결과가 어떤가요?	**Kết quả như thế nào?** 껫 꽈 뉴 테 나오

~ như thế nào? 어떻게 ~ 하나요?

37

Pattern 14 Tại sao ~ ? 왜 ~ ?

🎧 1_14.mp3

이유를 물어보고 싶을 때 사용해 보세요. 비행기가 지연됐을 때, 서비스를 받을 수 없을 때도 사용할 수 있습니다. 그리고 대답할 때는 vì[비](왜냐하면)를 써서 상대편의 물음에 답변할 수 있습니다.

01	왜 비행기가 지연된 거죠?	**Tại sao** máy bay bị trì hoãn? 따이 사오 마이 바이 비 찌 호안
02	왜 제 짐이 나오지 않나요?	**Tại sao** hành lý của tôi chưa ra? 따이 사오 하잉 리 꾸아 또이 쯔어 자
03	왜 예약 변경이 안 되는 거죠?	**Tại sao** không thể thay đổi lịch đặt trước. 따이 사오 콩 테 타이 도이 릭 닷 쯔억
04	왜 오늘은 다낭 가는 버스가 없나요?	**Tại sao** hôm nay không có xe buýt đi Đà Nẵng? 따이 사오 홈 나이 콩 꼬 쌔 부잇 디 다 낭
05	왜 제 방 청소가 안 되어 있나요?	**Tại sao** phòng tôi không được dọn dẹp? 따이 사오 퐁 또이 콩 드억 존 잽
06	왜 이렇게 시끄럽죠?	**Tại sao** lại ồn thế này? 따이 사오 라이 온 테 나이
07	왜 10만동을 더 내야 하죠?	**Tại sao** phải trả thêm 1 trăm nghìn đồng? 따이 사오 파이 짜 템 못 짬 응인 동
08	왜 예약을 받지 않나요?	**Tại sao** không nhận đặt trước? 따이 사오 콩 년 닷 쯔억
09	제가 주문한 음식이 왜 안 나오나요?	**Tại sao** món ăn tôi gọi không ra? 따이 사오 몬 안 또이 고이 콩 자
10	왜 할인해 주지 않나요?	**Tại sao** không được nhận giảm giá? 따이 사오 콩 드억 년 잠 지아

기내	공항	교통	호텔	길거리	식당	쇼핑	관광지	위급상황

가이드와 대화할 때

A : Tại sao đường tắc thế này?
따이 사오 드엉 딱 테 나이

왜 이렇게 길이 막히죠?

B : Vì đằng kia có tai nạn ạ.
비 당 끼아 꼬 따이 난 아

저쪽에서 사고가 났대요.

11	왜 저에게 영수증을 안 주시나요?	**Tại sao** không cho tôi hóa đơn? 따이 사오 콩 쪼 또이 화 던
12	왜 환불이 안 되는 거죠?	**Tại sao** không được trả lại? 따이 사오 콩 드억 짜 라이
13	왜 사진을 찍으면 안 되죠?	**Tại sao** không được chụp ảnh? 따이 사오 콩 드억 쭙 아잉
14	왜 지금 영업을 하지 않나요?	**Tại sao** bây giờ không kinh doanh? 따이 사오 버이 져 콩 낀 조안
15	왜 여기서 기다려야 하죠?	**Tại sao** phải đợi ở đây? 따이 사오 파이 더이 어 더이
16	왜 거스름돈을 안 주시나요?	**Tại sao** không trả lại tiền thừa? 따이 사오 콩 짜 라이 띠엔 트어
17	왜 가이드가 오지 않나요?	**Tại sao** hướng dẫn viên không đến? 따이 사오 흐엉 전 비엔 콩 덴
18	왜 이렇게 길이 막히죠?	**Tại sao** đường tắc thế này? 따이 사오 드엉 딱 테 나이
19	왜 이렇게 줄이 길죠?	**Tại sao** xếp hàng dài thế này? 따이 사오 셉 항 자이 테 나이
20	왜 사고가 난 거죠?	**Tại sao** lại xảy ra tai nạn? 따이 사오 라이 싸이 자 따이 난

Pattern 15 (Cái) nào ~ 어느 것~

여러 개 중에서 어느 것을 선택해야 하는지 물을 때 사용하는 표현입니다. cái nào[까이 나오] 앞에 명사를 붙이면 '어떤 ~ 인가요?'라는 뜻이 됩니다. 사물의 이름을 모를 때도 손으로 가리키며 Cái nào ~라고 말을 시작해 보세요.

01	택시랑 오토바이 중 뭐가 더 빠른가요?	Taxi và xe máy, cái nào nhanh hơn? 딱씨 바 쌔 마이, 까이 나오 냐잉 헌
02	이쪽 길이랑 이쪽 길 중 어디가 낫나요?	Đường này với đường này đường nào tiện hơn? 드엉 나이 버이 드엉 나이 드엉 나오 띠엔 헌
03	어떤 것이 속도가 가장 빨라요?	Cái nào có tốc độ nhanh nhất? 까이 나오 꼬 똑 도 냐잉 녓
04	호찌민 가는 버스는 어떤 거예요?	Xe buýt nào đi thành phố Hồ Chí Minh? 쌔 부잇 나오 디 타잉 포 호 찌 민
05	이 호텔 말고 다른 호텔은 없나요?	Ngoài khách sạn này còn cái nào không? 응와이 카익 산 나이 꼰 까이 나오 콩
06	뭐가 더 맛있나요?	Cái nào ngon hơn? 까이 나오 응온 헌
07	커피랑 차 중 무엇을 드시겠어요?	Cà phê và trà chị uống cái nào? 까 페 바 짜 찌 우옹 까이 나오
08	이 식당에서 어떤 메뉴가 제일 맛있나요?	Ở nhà hàng này, cái nào ngon nhất ạ? 어 냐 항 나이, 까이 나오 응온 녓 아
09	여기는 어떤 쌀국수가 있나요?	Ở đây có phở loại nào ạ? 어 더이 꼬 퍼 로와이 나오 아
10	둘 중 뭐가 더 싼가요?	Trong 2 cái, cái nào rẻ hơn? 쫑 하이 까이, 까이 나오 재 헌

기내	공항	교통	호텔	길거리	식당	쇼핑	관광지	위급상황

쇼핑할 때

A : **Trong số này, cái nào được yêu thích nhất?**
쫑 소 나이, 까이 나오 드억 이우 틱 녓

이 중에서 뭐가 제일 인기가 많나요?

B : **Áo sơ mi màu xanh được yêu thích nhất.**
아오 서 미 머우 사잉 드억 이우 틱 녓

파란색 티셔츠가 제일 인기가 많아요.

11	여기서 제일 비싼 건 어떤 건가요?	**Ở đây cái nào đắt nhất?** 어 더이 까이 나오 닷 녓
12	이 중에서 뭐가 제일 인기가 많나요?	**Trong số này, cái nào được yêu thích nhất?** 쫑 소 나이, 까이 나오 드억 이우 틱 녓
13	어떤 거요?	**Cái nào ạ?** 까이 나오 아
14	어느 것이든 다 좋아요.	**Cái nào tôi cũng thích.** 까이 나오 또이 꿍 틱
15	더 싼 거 없나요?	**Có cái nào rẻ hơn không?** 꼬 까이 나오 재 헌 콩
16	제일 좋은 걸 선택해 주세요.	**Xin hãy chọn cho tôi cái nào tốt nhất.** 신 해이 쫀 쪼 또이 까이 나오 똣 녓
17	어떤 게 더 어울릴까요?	**Cái nào hợp hơn?** 까이 나오 헙 헌
18	이 중에서 제일 예쁜 디자인으로 주세요.	**Cho tôi cái nào đẹp nhất ạ.** 쪼 또이 까이 나오 뎁 녓 아
19	비옷과 우산 중 뭐가 더 낫나요?	**Giữa áo mưa và ô, cái nào tốt hơn?** 즈어 아오 므어 바 오, 까이 나오 똣 헌
20	시골과 도시 중 어디를 더 좋아하세요?	**Nông thôn và thành phố anh thích nơi nào hơn?** 농 톤 바 타잉 포 아잉 틱 너이 나오 헌

(Cái) nào ~ 어느 것 ~

Pattern 16 ~ là ~ ~입니다

🎧 1_16.mp3

여행지 공항에 도착한 후 입국 심사부터 시작해서 무언가를 설명해야 할 경우가 종종 생길 거예요. 베트남어의 là[라]는 영어의 is와 비슷한 역할을 하며 〈주어 + là + 명사〉의 패턴으로 사용합니다.

01	여기 제 자리인데요.	Đây **là** chỗ của tôi.
		더이 라 쪼 꾸아 또이
02	이건 제 가방이에요.	Đây **là** túi xách của tôi.
		더이 라 뚜이 싸익 꾸아 또이
03	전 학생이에요.	Tôi **là** học sinh.
		또이 라 혹 신
04	저는 한국인입니다.	Tôi **là** người Hàn Quốc.
		또이 라 응어이 한 꿕
05	이 버스 후에 가는 버스 맞죠?	Đây **là** xe buýt đi Huế phải không ạ?
		더이 라 쌔 부잇 디 후에 파이 콩 아
06	공항버스 요금이 얼마예요?	Tiền xe buýt sân bay **là** bao nhiêu ạ?
		띠엔 쌔 부잇 선 바이 라 바오 니우 아
07	제 이름은 지민입니다.	Tên tôi **là** Jimin.
		뗀 또이 라 지민
08	체크아웃 시간은 몇 시인가요?	Giờ check-out **là** mấy giờ ạ?
		져 체크아웃 라 머이 져 아
09	여기가 우체국이죠?	Đây **là** bưu điện phải không ạ?
		더이 라 부 디엔 파이 콩 아
10	여기가 어디예요?	Đây **là** đâu ạ?
		더이 라 더우 아

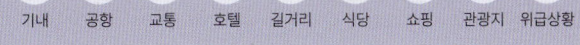

기내　공항　교통　호텔　길거리　식당　쇼핑　관광지　위급상황

자기소개를 할 때

A : Anh đến từ nước nào?
아잉 덴 뜨 느억 나오

어느 나라에서 왔어요?

B : Tôi là người Hàn Quốc.
또이 라 응어이 한 꿕

저는 한국인입니다.

11	이거 계란 커피 맞죠?	Đây là cà phê trứng phải không ạ?	더이 라 까 페 쯩 파이 콩 아
12	이거 누구 거예요?	Cái này là của ai ạ?	까이 나이 라 꾸어 아이 아
13	이거 닭고기 맞죠?	Đây là thịt gà đúng không?	더이 라 팃 가 둥 콩
14	이거 가짜죠?	Đây là hàng giả phải không ạ?	더이 라 항 지아 파이 콩 아
15	이건 제가 방금 산 거예요.	Đây là cái tôi vừa mua lúc nãy.	더이 라 까이 또이 브어 무어 룩 나이
16	이게 아오자이라고요?	Đây là áo dài ạ?	더이 라 아오 자이 아
17	이게 제가 가진 돈 전부입니다.	Đây là tất cả số tiền tôi có.	더이 라 떳 까 소 띠엔 또이 꼬
18	지금 우기가 맞나요?	Bây giờ là mùa mưa phải không ạ?	버이 져 라 무어 므어 파이 콩 아
19	여기는 제 아들입니다.	Đây là con trai tôi.	더이 라 꼰 짜이 또이
20	오늘이 무슨 날이에요?	Hôm nay là ngày gì ạ?	홈 나이 라 응아이 지 아

Pattern 17 của ~ ~의 것입니다

🎧 1_17.mp3

소유를 나타내는 표현입니다. 〈của + 명사〉로 쓰면 '(명사)의'라는 뜻이 됩니다. 자신이나 타인의 소유, 소속을 명확히 말해야 할 때 또는 특정 장소와 지역에 대해 질문할 경우가 있습니다. 이때 '~의'라는 뜻을 가진 của[꾸아]를 사용해서 질문하면 됩니다.

01	여긴 제 자리예요.	Đây là chỗ của tôi. 더이 라 쪼 꾸아 또이
02	다낭의 날씨는 지금 어떤가요?	Bây giờ thời tiết của Đà Nẵng như thế nào? 버이 져 터이 띠엣 꾸아 다 낭 뉴 테 나오
03	빨간 가방은 제 겁니다.	Túi xách màu đỏ là của tôi. 뚜이 싸익 머우 도 라 꾸아 또이
04	제 짐이 아직 도착하지 않았어요.	Hành lý của tôi vẫn chưa thấy. 하잉 리 꾸아 또이 번 쯔어 터이
05	베트남 항공 수속 카운터는 어디에 있나요?	Quầy làm thủ tục của Vietnam Airlines ở đâu ạ? 꿔이 람 투 뚝 꾸아 비엣남 에얼라인 어 더우 아
06	이 오토바이는 누구 건가요?	Xe máy này là của ai? 쌔 마이 나이 라 꾸아 아이
07	제 방 번호는 몇 번인가요?	Phòng của tôi là số bao nhiêu? 퐁 꾸아 또이 라 소 바오 니우
08	제가 시킨 메뉴예요.	Đây là món ăn của tôi. 더이 라 몬 안 꾸아 또이
09	이 식당의 가장 맛있는 메뉴는 뭔가요?	Món ăn ngon nhất của quán ăn này là gì? 몬 안 응온 녓 꾸아 꽌 안 나이 라 지
10	제 입맛에 잘 맞네요.	Hợp với khẩu vị của tôi. 헙 버이 커우 비 꾸아 또이

기내 공항 교통 호텔 길거리 식당 쇼핑 관광지 위급상황

현지 가이드와 대화할 때

A : **Vị như thế nào ạ?**
비 뉴 테 나오 아

맛이 어때요?

B : **Hợp với khẩu vị của tôi.**
헙 버이 커우 비 꾸아 또이

제 입맛에 잘 맞네요.

11	아, 이 선물은 제 딸 거예요.	À, món quà này là **của** con gái tôi.	아, 몬 꽈 나이 라 꾸아 꼰 가이 또이
12	베트남에서 만든 물건이에요?	Đây là đồ **của** Việt Nam?	더이 라 도 꾸아 비엣 남
13	이곳의 특산품은 무엇인가요?	Đặc sản **của** nơi này là gì?	닥 산 꾸아 너이 나이 라 지
14	제 취향에는 별로 안 맞아요.	Không hợp với sở thích **của** tôi.	콩 헙 버이 서 틱 꾸아 또이
15	이쪽은 제 아내입니다.	Đây là vợ **của** tôi.	더이 라 버 꾸아 또이
16	저희 가족을 가이드해 줄 분은 누구시죠?	Hướng dẫn viên du lịch **của** gia đình tôi là ai?	흐엉 전 비엔 쥬 릭 꾸아 지아 딘 또이 라 아이
17	이건 제 카메라예요.	Đây là máy ảnh **của** tôi.	더이 라 마이 아잉 꾸아 또이
18	후에의 가장 유명한 관광지는 어디예요?	Địa điểm du lịch nổi tiếng nhất **của** Huế là ở đâu ạ?	디아 디엠 쥬 릭 노이 띠엥 녓 꾸아 후에 라 어 더우 아
19	제 여권을 잃어버렸어요.	Hộ chiếu **của** tôi bị mất rồi.	호 찌우 꾸아 또이 비 멋 조이
20	제 잘못이에요.	Đây là lỗi **của** tôi.	더이 라 로이 꾸아 또이

Pattern 18 Tôi ~ nhầm 잘못 ~ 했어요

🎧 1_18.mp3

여행을 하다 보면 일이 잘못되는 경우가 많이 생기죠. 그럴 때는 '저, 나'를 뜻하는 Tôi[또이]와 '잘못하다'를 뜻하는 nhầm[념] 사이에 동사를 넣어서 '~을 잘못하다'라는 뜻으로 써 보세요.

01	제가 좌석을 잘못 앉았어요.	Tôi đã ngồi nhầm chỗ rồi ạ. 또이 다 응오이 념 쪼 조이 아
02	가방을 잘못 가져왔어요.	Tôi đã cầm nhầm cặp rồi ạ. 또이 다 껌 념 깝 조이 아
03	목적지를 잘못 입력했어요.	Tôi đã nhập nhầm điểm đến rồi ạ. 또이 다 녑 념 디엠 덴 조이 아
04	버스를 잘못 탔어요.	Tôi đã lên nhầm xe buýt rồi ạ. 또이 다 렌 념 쌔 부잇 조이 아
05	잘못 내렸어요.	Tôi đã xuống nhầm rồi ạ. 또이 다 수엉 념 조이 아
06	이름을 잘못 말했어요.	Tôi đã nói nhầm tên rồi ạ 또이 다 노이 념 뗀 조이 아
07	버튼을 잘못 눌렀어요.	Tôi đã nhấn nhầm nút rồi ạ. 또이 다 년 념 눗 조이 아
08	전화를 잘못 걸었어요.	Tôi đã gọi nhầm ạ. 또이 다 고이 념 아
09	주소를 잘못 입력했어요.	Tôi đã nhập nhầm địa chỉ rồi ạ. 또이 다 녑 념 디아 찌 조이 아
10	휴대폰 번호를 잘못 입력했어요.	Tôi ghi nhầm số điện thoại ạ. 또이 기 념 소 디엔 토와이 아

기내 　공항 　교통 　호텔 　길거리 　식당 　쇼핑 　관광지 　위급상황

환불·교환할 때

A : Sao anh lại mang đồ quay lại thế ạ?
사오 아잉 라이 망 도 꿰이 라이 테 아
왜 다시 물건을 가져오셨죠?

B : Xin lỗi. Tôi đã mua nhầm rồi ạ.
신 로이. 또이 다 무어 념 조이 아
죄송해요. 물건을 잘못 샀어요.

11	길을 잘못 왔어요.	Tôi đã đi nhầm đường rồi ạ. 또이 다 디 념 드엉 조이 아
12	설명을 잘못 들었어요.	Tôi đã hiểu nhầm lời giải thích ạ. 또이 다 히우 념 러이 쟈이 틱 아
13	가게를 잘못 찾아왔어요.	Tôi đến nhầm cửa hàng ạ. 또이 덴 념 끄어 항 아
14	주문을 잘못했어요.	Tôi đã gọi nhầm món rồi ạ. 또이 다 고이 념 몬 조이 아
15	메뉴를 잘못 봤어요.	Tôi đã nhìn nhầm menu ạ. 또이 다 닌 념 메뉴 아
16	이해를 잘못했어요.	Tôi đã hiểu nhầm ạ. 또이 다 히우 념 아
17	거스름돈을 잘못 주셨어요.	Chị đã trả nhầm tiền thừa rồi ạ. 찌 다 짜 념 띠엔 트어 조이 아
18	물건을 잘못 샀어요.	Tôi đã mua nhầm rồi ạ. 또이 다 무어 념 조이 아
19	시간을 잘못 알았어요.	Tôi bị nhầm thời gian rồi ạ. 또이 비 념 터이 지안 조이 아
20	오해가 있는 것 같아요.	Hình như có hiểu nhầm. 힌 뉴 꼬 히우 념

47

Pattern 19 · Tôi bị đau ~ ~이 아파요

🎧 1_19.mp3

낯선 여행지에서 몸이 아프면 정말 곤란하죠? 여행지에서는 아프지 않는 게 최선이지만, 아플 때는 근처 약국이나 병원을 찾아가는 게 좋습니다. Tôi bị đau[또이 비 다우]는 어느 부위가 아프다거나 증상을 설명하는 표현입니다. 뒤에 붙이는 말 없이 Tôi bị đau 또는 Đau[다우]라고만 말하면 '아픕니다, 아파요'라는 뜻입니다.

01	너무 아파요, 좀 약하게 해 주세요.	Đau quá. Xin hãy nhẹ tay giúp tôi.
		다우 꽈. 신 해이 녜 따이 즙 또이
02	머리가 아파요.	Tôi bị đau đầu.
		또이 비 다우 더우
03	다리가 아파요.	Tôi bị đau chân.
		또이 비 다우 쩐
04	여기가 너무 아파요.	Tôi bị đau ở đây.
		또이 비 다우 어 더이
05	손목이 좀 아파요.	Tôi bị đau cổ tay.
		또이 비 다우 꼬 따이
06	어깨가 아파요. 파스 좀 주세요.	Tôi bị đau vai. Xin hãy cho tôi cao dán.
		또이 비 다우 바이. 신 해이 쪼 또이 까오 잔
07	아파 죽겠어요.	Đau chết mất.
		다우 쩻 멋
08	어제부터 계속 아팠어요.	Tôi bị đau từ hôm qua.
		또이 비 다우 뜨 홈 꽈
09	이가 아파서 못 먹겠어요.	Tôi bị đau răng nên không ăn được.
		또이 비 다우 장 넨 콩 안 드억
10	허리가 아프니 조심해 주세요.	Tôi bị đau thắt lưng nên xin hãy cẩn thận.
		또이 비 다우 탓 릉 넨 신 해이 껀 턴

기내 · 공항 · 교통 · 호텔 · 길거리 · 식당 · 쇼핑 · 관광지 · 위급상황

병원에서 대화할 때

A : Anh làm sao thế? Có sao không?
아잉 람 사오 테? 꼬 사오 콩?
왜 그러세요? 괜찮으신가요?

B : Hôm qua khi lên núi tôi đã bị đau ngón chân.
홈 꽈 키 렌 누이 또이 다 비 다우 응온 쩐
어제 산에 오르다가 발가락을 다쳤어요.

11	한쪽 다리를 다쳤어요.	Tôi bị đau một bên chân. 또이 비 다우 못 벤 쩐
12	산에 오르다가 발가락을 다쳤어요.	Khi lên núi tôi đã bị đau ngón chân. 키 렌 누이 또이 다 비 다우 응온 쩐
13	배가 아파요.	Tôi bị đau bụng. 또이 비 다우 붕
14	목이 아파요. 감기약 좀 주세요.	Tôi bị đau cổ họng. Xin hãy cho tôi thuốc cảm cúm. 또이 비 다우 꼬 홍. 신 해이 쪼 또이 투옥 깜 꿈
15	어제 쉬어서 이제 안 아파요.	Hôm qua tôi đã nghỉ ngơi nên bây giờ không bị đau nữa. 홈 꽈 또이 다 응이 응어이 넨 버이 저 콩 비 다우 느어
16	연기 때문에 눈이 아파요.	Vì khói nên tôi bị đau mắt. 비 커이 넨 또이 비 다우 맛
17	목이 아프고 열이 나요.	Tôi bị đau họng và sốt. 또이 비 다우 홍 바 쏫
18	두통이 심해요.	Tôi bị đau đầu rất nặng. 또이 비 다우 더우 젓 낭
19	손이 아파요.	Tôi bị đau tay. 또이 비 다우 따이
20	많이 걸어서 발이 아파요.	Tôi bị đau bàn chân vì đi bộ quá nhiều. 또이 비 다우 반 쩐 비 디 보 꽈 니우

Pattern 20 — Tôi bị mất ~ ~을 잃어버렸어요

물건을 잃어버렸을 때 쓰는 패턴입니다. 물건을 잃어버려서 주위에 도움을 요청하거나 여권, 휴대폰과 같은 귀중품을 잃어버렸을 경우, 경찰서에 가서 분실 신고서를 작성해야 할 수도 있습니다. 기억을 잊었을 때는 **quên mất**[꾸엔 멋]을 사용합니다.

01	비행기 시간을 까먹었어요.	**Tôi quên mất** thời gian máy bay. 또이 꾸엔 멋 터이 지안 마이 바이
02	와이파이 연결이 끊겼어요.	Kết nối mạng wifi **bị mất**. 껫 노이 망 와이파이 비 멋
03	신용카드를 잃어버렸어요.	**Tôi bị mất** thẻ tín dụng. 또이 비 멋 태 띤 중
04	식당 주소를 잊어버렸어요.	**Tôi bị quên** địa chỉ quán ăn. 또이 비 꾸엔 디아 찌 꽌 안
05	호텔 위치를 까먹었어요.	**Tôi bị quên** địa chỉ khách sạn. 또이 비 꾸엔 디아 찌 카익 산
06	날씨가 더워서 입맛을 잃었어요.	Vì thời tiết nóng nên **tôi bị mất** khẩu vị. 비 터이 티엣 농 넨 또이 비 멋 커우 비
07	모자를 잃어버렸어요.	**Tôi bị mất** mũ. 또이 비 멋 무
08	어떤 일이 생겨서 시간을 많이 뺏겼어요.	Vì có chuyện gì đó nên đã **bị mất** nhiều thời gian. 비 꼬 쭈엔 지 도 넨 다 비 멋 니우 터이 지안
09	헬멧을 잃어버렸어요.	**Tôi bị mất** mũ bảo hiểm. 또이 비 멋 무 바오 히엠
10	잊어버렸어요. 죄송해요.	**Tôi quên mất** rồi. Tôi xin lỗi. 또이 꾸엔 멋 조이. 또이 신 로이

기내 공항 교통 호텔 길거리 식당 쇼핑 관광지 위급상황

휴대폰을 분실했을 때

A : Tôi bị mất điện thoại.
또이 비 멋 디엔 토와이

휴대폰을 분실했어요.

B : Xin hãy điền vào đơn khai báo mất đồ.
신 해이 디엔 바오 던 카이 바오 멋 도

여기 분실 신고서를 작성해 주세요.

11	공항에서 여권을 잃어버렸어요.	**Tôi bị mất hộ chiếu ở sân bay.** 또이 비 멋 호 찌우 어 선 바이
12	휴대폰을 분실했어요.	**Tôi bị mất điện thoại.** 또이 비 멋 디엔 토와이
13	현금을 잃어버렸어요.	**Tôi bị mất tiền.** 또이 비 멋 띠엔
14	가방을 도난 당했어요.	**Tôi đã bị mất trộm túi xách.** 또이 다 비 멋 쫌 뚜이 싸익
15	일행을 잃어버렸어요.	**Tôi bị lạc mất người đi cùng.** 또이 비 락 멋 응어이 디 꿍
16	여기서부터 길을 모르겠어요.	**Tôi bị quên đường từ đoạn này.** 또이 비 꾸엔 드엉 뜨 도안 나이
17	어제 너무 걸어서 기운이 다 빠졌어요.	**Hôm qua tôi đã đi bộ rất nhiều nên bị mất sức.** 홈 꽈 또이 다 디 보 젓 니우 넨 비 멋 슥
18	어디서 잃어버렸는지 모르겠어요.	**Tôi không nhớ đã bị mất ở đâu.** 또이 콩 뇨 다 비 멋 어 더우
19	카드 키를 잃어버렸어요.	**Tôi bị mất thẻ phòng.** 또이 비 멋 태 퐁
20	택시에 두고 왔어요.	**Tôi để quên ở trên taxi rồi.** 또이 데 꾸엔 어 쩬 딱씨 조이

Pattern 21

~ bị hỏng ~이 고장 났어요

객실에서 또는 버스를 탔는데 무엇인가 작동이 되지 않는다면 이 표현을 사용해 보세요. 물건이 고장 나거나 음식이 상했을 때 bị hỏng[비 홍]을 쓸 수 있고, 비슷한 표현으로 không được[콩 드억]은 그 자체로도 '안 돼요, 불가능합니다'라는 뜻으로 쓸 수 있습니다. 〈명사 + Không được〉은 '(명사)가 작동이 안 돼요', 〈Không + 동사 + được〉은 '(동사)할 수 없어요' 패턴으로 쓰입니다.

01	의자가 고장 났어요. 다른 좌석으로 바꿔 주세요.	Ghế ngồi này bị hỏng rồi. Hãy đổi cho tôi ghế khác. 게 응오이 나이 비 홍 조이. 해이 도이 쪼 또이 게 칵
02	안전벨트가 고장 났어요.	Dây an toàn hỏng rồi ạ. 져이 안 또안 홍 조이 아
03	히터가 고장 난 것 같아요.	Hình như máy sưởi bị hỏng. 힌 뉴 마이 스어이 비 홍
04	에어컨이 안되네요.	Điều hòa không bật được. 디우 화 콩 벗 드억
05	엘리베이터가 고장이네요.	Cầu thang máy bị hỏng. 꺼우 탕 마이 비 홍
06	이거 잘 안되는데요?	Cái này không được ạ? 까이 나이 콩 드억 아
07	안돼요.	Không được. 콩 드억
08	티비가 안 나와요.	Tivi không xem được. 띠비 콩 쌤 드억
09	샤워기가 고장 났어요.	Vòi hoa sen bị hỏng rồi. 버이 화 쌘 비 홍 조이
10	카드 키가 고장 나서 문이 안 열려요.	Thẻ phòng bị hỏng nên không mở được cửa. 태 퐁 비 홍 넨 콩 머 드억 끄어

기내 공항 교통 호텔 길거리 식당 쇼핑 관광지 위급상황

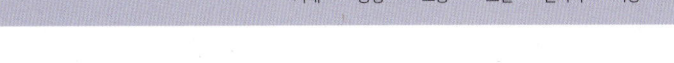

객실에서 불편사항을 이야기할 때

A : Hình như máy sưởi bị hỏng.
힌 뉴 마이 스어이 비 홍

히터가 고장 난 것 같아요.

B : Xin đợi một chút. Chúng tôi sẽ đổi phòng cho chị.
신 더이 못 쭛. 쭝 또이 쌔 도이 퐁 쪼 찌

잠시만요, 다른 방으로 바꿔 드리겠습니다.

11	리모컨이 안되는데요.	Điều khiển không được. 디우 키엔 콩 드억
12	드라이어가 작동을 안 해요.	Máy sấy không được ạ. 마이 써이 콩 드억 아
13	바닥에 떨어져서 깨졌어요.	Cái này bị hỏng vì rơi xuống đất. 까이 나이 비 홍 비 저이 수엉 덧
14	객실 전화기가 고장 났어요.	Điện thoại trong phòng bị hỏng rồi. 디엔 토와이 쫑 퐁 비 홍 조이
15	와이파이가 안돼요.	Wifi không được ạ. 와이파이 콩 드억 아
16	세탁기가 안돼요.	Máy giặt bị hỏng rồi ạ. 마이 지앗 비 홍 조이 아
17	음식이 상했어요.	Đồ ăn bị hỏng rồi. 도 안 비 홍 조이
18	오토바이가 고장 났어요.	Xe máy bị hỏng rồi ạ. 쌔 마이 비 홍 조이 아
19	상한 음식을 먹어서 배가 아파요.	Tôi bị đau bụng vì ăn thức ăn hỏng. 또이 비 다우 붕 비 안 특 안 홍
20	제 휴대폰이 고장 났어요.	Điện thoại của tôi bị hỏng rồi. 디엔 토와이 꾸아 또이 비 홍 조이

~ bị hỏng ● ~이 고장 났어요

Pattern 22

Tôi biết ~ · Không biết ~

~을 알아요, ~을 몰라요

🔊 1_22.mp3

tôi biết[또이 비엣]과 không biết[콩 비엣]은 자신이 알고 있는 사실과 모르는 사실을 상대에게 밝힐 때 사용합니다. 의문형을 만들 때는 앞에 có[꼬]를 붙여 말합니다. 어떤 사실을 상대가 알고 있는지 물을 때는 Anh/Chị có biết ~ không?[아잉/찌 꼬 비엣 ~ 콩](~을 아시나요?)이라고 해 보세요.

01	저는 베트남어를 조금 알아요.	**Tôi biết** một chút Tiếng Việt.
		또이 비엣 못 쭛 띠엥 비엣
02	어떻게 사용하는 건지 잘 모르겠어요.	Tôi **không biết** sử dụng thế nào.
		또이 콩 비엣 스 중 테 나오
03	길을 잘 모르겠어요.	Tôi **không biết** đường.
		또이 콩 비엣 드엉
04	지금 현재 위치가 어디인지 아세요?	Anh **có biết** vị trí hiện tại là ở đâu **không**?
		아잉 꼬 비엣 비 찌 히엔 따이 라 어 더우 콩
05	카이딘 왕릉이 어디인지 아세요?	Chị **có biết** lăng mộ vua Khải Định ở đâu **không**?
		찌 꼬 비엣 랑 모 부어 카이 딘 어 더우 콩
06	환전 어디서 하는지 아세요?	Anh **có biết** đổi tiền ở đâu **không**?
		아잉 꼬 비엣 도이 띠엔 어 더우 콩
07	근처에 약국이 어디 있는지 잘 모르겠어요.	Tôi **không biết** hiệu thuốc gần đây ở đâu.
		또이 콩 비엣 히우 투옥 건 더이 어 더우
08	이 식당 어디에 있는지 아세요?	Anh **có biết** nhà hàng này ở đâu **không**?
		아잉 꼬 비엣 냐 항 나이 어 더우 콩
09	근처에 마트가 어디 있는지 아세요?	Chị **có biết** siêu thị gần nhất là ở đâu **không** ạ?
		찌 꼬 비엣 시우 티 건 녓 라 어 더우 콩 아
10	이름은 모르겠어요.	Tôi **không biết** tên.
		또이 콩 비엣 뗀

기내　공항　교통　호텔　길거리　식당　쇼핑　관광지　위급상황

장소를 찾을 때

A : **Anh có biết đổi tiền ở đâu không?**
아잉 꼬 비엣 도이 띠엔 어 더우 콩
환전 어디서 하는지 아세요?

B : **Ở tầng 1 chỗ cửa chính.**
어 떵 못 쪼 끄어 찐
1층 정문 쪽에 있어요.

11	메뉴를 잘 모르겠어요.	**Tôi không biết về thực đơn lắm.** 또이 콩 비엣 베 특 던 람
12	그 식당 주소를 알아요.	**Tôi biết địa chỉ quán ăn đó.** 또이 비엣 디아 찌 꽌 안 도
13	커피숍이 몇 층인지 아세요?	**Chị có biết quán cà phê ở tầng mấy không?** 찌 꼬 비엣 꽌 까 페어 떵 머이 콩
14	아, 그 남자 알아요.	**À, tôi biết người đàn ông đó.** 아, 또이 비엣 응어이 단 옹 도
15	지금 다낭에 비가 온다고 알고 있어요.	**Tôi biết bây giờ ở Đà Nẵng đang mưa.** 또이 비엣 버이 져 어 다 낭 당 므어
16	무슨 일 있으면 저한테 알려 주세요.	**Nếu có chuyện gì xin hãy cho tôi biết ạ.** 네우 꼬 쭈옌 지 신 해이 쪼 또이 비엣 아
17	주변에 볼 만한 곳이 있나요?	**Chị có biết gần đây có nơi nào đáng đi không?** 찌 꼬 비엣 건 더이 꼬 너이 나오 당 디 콩
18	한국어를 하는 사람이 있을까요?	**Có ai biết nói tiếng Hàn không ạ?** 꼬 아이 비엣 노이 띠엥 한 콩 아
19	잘 모르겠어요.	**Tôi không biết.** 또이 콩 비엣
20	어디서 잃어버렸는지 모르겠어요.	**Tôi không biết đã làm mất ở đâu.** 또이 콩 비엣 다 람 멋 어 더우

Tôi biết ~ · Không biết ~ · ~을 알아요, ~을 몰라요

Pattern 23 ~ quá 너무 ~ 해요

우리말의 '너무, 정말'처럼 형용사 앞에 써서 정도가 지나침을 나타내는 표현입니다. quá는 Nóng quá.[농 꽈](너무 더워요.)와 같이 부정적인 의미를 강조할 때 쓰이는데, 긍정적 의미로는 lắm을 써서 Đẹp lắm.[댑 람](정말 예뻐요.)과 같이 형용사의 의미를 강조합니다. 하지만 일상적으로는 둘을 구분하여 사용하지 않는 경우가 많습니다.

01	그건 너무 빨라요.	Cái đó nhanh quá. 까이 도 냐잉 꽈
02	그건 너무 늦어요.	Cái đó chậm quá. 까이 도 쩜 꽈
03	너무 멀어요.	Xa lắm. 싸 람
04	택시가 너무 추워요.	Trong taxi lạnh quá. 쫑 딱씨 라잉 꽈
05	너무 빨라요, 천천히 가 주세요.	Nhanh quá, xin đi chậm thôi ạ. 냐잉 꽈, 신 디 쩜 토이 아
06	방이 너무 더워요.	Phòng nóng quá. 퐁 농 꽈
07	너무 시끄러워요.	Ồn ào quá. 온 아오 꽈
08	방이 너무 지저분해요.	Phòng bừa bộn quá. 퐁 브어 본 꽈
09	담배 냄새가 너무 심해요.	Mùi thuốc lá nặng quá. 무이 투옥 라 낭 꽈
10	침대가 너무 작아요.	Giường nhỏ quá ạ. 즈엉 뇨 꽈 아

기내 　공항 　교통 　호텔 　길거리 　식당 　쇼핑 　관광지 　위급상황

가격에 대해 이야기할 때

A : **3 trăm nghìn đồng ạ.**
바 짬 응인 동 아
30만동이에요.

B : **Đắt quá.**
닷 꽈
너무 비싸요.

11	정말 맛있어요.	Ngon lắm.
		응온 람
12	빵이 너무 커요.	Bánh to lắm.
		바잉 떠 람
13	양이 너무 많아요.	Nhiều quá.
		니우 꽈
14	너무 비싸요.	Đắt quá.
		닷 꽈
15	너무 예뻐요.	Đẹp lắm.
		댑 람
16	옷이 너무 커요.	Áo to quá.
		아오 떠 꽈
17	(옷·물건이) 너무 길어요.	Dài quá.
		자이 꽈
18	(옷·신발이) 너무 꽉 껴요.	Chật quá ạ.
		쩟 꽈 아
19	줄이 너무 길어요.	Xếp hàng dài lắm.
		셉 항 자이 람
20	배가 너무 아파요.	Tôi đau bụng quá.
		또이 다우 붕 꽈

~quá ● 너무 ~해요

Pattern 24 ~ một chút 조금 ~ 해요, 좀 ~해 주세요

 1_24.mp3

'양이 적다'는 의미로 사용하기도 하고 상대에게 뭔가 요구할 때 더 공손하게 말하는 표현이기도 합니다. Một chút.[못 쭛]이라고 단독으로 사용하면 "조금이요."라는 뜻입니다.

01	좀 서둘러 주세요.	Xin hãy nhanh tay hơn một chút. 신 해이 냐잉 따이 헌 못 쭛
02	조금만 더 가 주세요.	Xin hãy đi thêm một chút. 신 해이 디 템 못 쭛
03	조금만 크게 말씀해 주세요.	Xin hãy nói lớn hơn một chút. 신 해이 노이 런 헌 못 쭛
04	말씀을 조금만 천천히 해 주세요.	Xin hãy nói chậm lại một chút. 신 해이 노이 쩜 라이 못 쭛
05	길 좀 물어볼게요.	Xin cho tôi hỏi đường một chút. 신 쪼 또이 호이 드엉 못 쭛
06	조금만 먹어 보세요.	Xin hãy ăn thử một chút. 신 해이 안 트 못 쭛
07	맛이 좀 싱거워요.	Vị hơi nhạt một chút. 비 허이 냣 못 쭛
08	얼음 좀 더 주세요.	Xin hãy cho tôi thêm một chút đá. 신 해이 쪼 또이 템 못 쭛 다
09	김치 조금만 주세요.	Xin hãy cho tôi một chút Kimchi. 신 해이 쪼 또이 못 쭛 김치
10	음식이 좀 짜요.	Món ăn này mặn một chút. 몬 안 나이 만 못 쭛

기내 공항 교통 호텔 길거리 식당 쇼핑 관광지 위급상황

감정을 이야기할 때

A : **Anh có mệt không ạ?**
아잉 꼬 멧 콩 아

많이 힘들어요?

B : **Một chút ạ.**
못 쭛 아

조금요.

11	조금만 기다려 주세요.	Xin hãy đợi một chút. 신 해이 더이 못 쭛
12	조금 커요.	Hơi to một chút. 허이 떠 못 쭛
13	조금 생각해 볼게요.	Để tôi suy nghĩ một chút. 데 또이 수이 응이 못 쭛
14	조금만 더 깎아 주세요.	Xin hãy bớt một chút. 신 해이 벗 못 쭛
15	조금요.	Một chút ạ. 못 쭛 아
16	옆으로 조금만 가 주세요.	Xin hãy đi sang bên một chút. 신 해이 디 상 벤 못 쭛
17	죄송해요, 조금 늦게 왔어요.	Xin lỗi, tôi đã đến muộn một chút. 신 로이, 또이 다 덴 무언 못 쭛
18	좀 더 세게 해 주세요.	Xin làm mạnh lên một chút. 신 람 마잉 렌 못 쭛
19	좀 더 약하게 해 주세요.	Xin làm nhẹ một chút. 신 람 녜 못 쭛
20	조용히 좀 해 주세요.	Xin hãy giữ yên lặng một chút ạ. 신 해이 쥬 옌 랑 못 쭛 아

~ một chút ● 조금 ~ 해요, 좀 ~해 주세요

Pattern 25

Xin đừng ~ ~하지 말아 주세요

여행 중에 때로는 거절하거나 무언가를 하지 말라고 말해야 할 일도 생깁니다. 이럴 땐 Xin đừng ~[신 등] 패턴을 사용해서 정중하게 말해 보세요.

01	좌석을 발로 차지 마세요.	**Xin đừng** đá chân vào ghế.
		신 등 다 쩐 바오 게
02	시끄럽게 이야기하지 말아 주세요.	**Xin đừng** nói chuyện ồn ào.
		신 등 노이 쭈엔 온 아오
03	(오토바이 탔을 때) 너무 빨리 달리지 말아 주세요.	**Xin đừng** chạy xe quá nhanh.
		신 등 짜이 쌔 꽈 나잉
04	하지 마세요.	**Xin đừng** làm thế.
		신 등 람 테
05	여기서 멈추지 말아 주세요.	**Xin đừng** dừng ở đây.
		신 등 증 어 더이
06	밀지 마세요.	**Xin đừng** đẩy.
		신 등 더이
07	서두르지 마세요.	**Xin đừng** có vội vàng ạ.
		신 등 꼬 보이 방 아
08	흡연하지 마세요.	**Xin đừng** hút thuốc lá.
		신 등 훗 투옥 라
09	제 방을 청소하지 말아 주세요.	**Xin đừng** dọn dẹp phòng của tôi.
		신 등 존 잽 퐁 꾸아 또이
10	방해하지 마세요.	**Xin đừng** làm phiền.
		신 등 람 피엔

기내 공항 교통 호텔 길거리 식당 쇼핑 관광지 위급상황

식당에서 주문할 때

A : **Xin đừng cho rau mùi.**
신 등 쪼 자우 무이

고수 넣지 말아 주세요.

B : **Vâng, tôi biết rồi ạ.**
벗, 또이 비엣 조이 아

네, 알겠습니다.

11	새치기하지 말아 주세요.	**Xin đừng chen ngang.** 신 등 짼 응앙
12	더 안 주셔도 돼요.	**Xin đừng cho thêm.** 신 등 쪼 템
13	너무 맵게 하지 마세요.	**Xin đừng làm cay quá.** 신 등 람 까이 꽈
14	고수 넣지 말아 주세요.	**Xin đừng cho rau mùi.** 신 등 쪼 자우 무이
15	문을 닫지 말아 주세요.	**Xin đừng đóng cửa.** 신 등 동 끄아
16	몰래 사진 찍지 말아 주세요.	**Xin đừng chụp lén.** 신 등 쭙 랜
17	가지 마세요.	**Xin đừng đi.** 신 등 디
18	너무 세게 하지 말아 주세요.	**Xin đừng mạnh tay quá.** 신 등 마잉 따이 꽈
19	거짓말하지 마세요.	**Xin đừng nói dối ạ.** 신 등 노이 조이 아
20	오해하지 마세요.	**Xin đừng hiểu lầm ạ.** 신 등 히우 럼 아

Xin đừng ~ ~ 하지 말아 주세요

Pattern 26

Hãy giúp tôi ~
~하는 것 좀 도와주세요

🎧 1_26.mp3

모든 것이 낯설고 모르는 것도 많은 여행지에서는 현지인이나 인포메이션 등에 도움을 청해야 하는 경우가 많습니다. 그럴 때는 '도와주세요'라는 뜻을 나타내는 Hãy giúp tôi ~[해이 줍 또이] 패턴을 사용해 정중히 도움을 요청해 보세요.

01	이거 작성하는 것 좀 도와주세요.	**Hãy giúp tôi** viết cái này. 해이 줍 또이 비엣 까이 나이
02	기차 예약 좀 도와주세요.	**Hãy giúp tôi** đặt vé tàu. 해이 줍 또이 닷 배 따우
03	빨리 좀 가 주세요.	**Hãy** đi nhanh **giúp tôi**. 해이 디 냐잉 줍 또이
04	짐 꺼내는 것 좀 도와주세요.	Xin **hãy giúp tôi** lấy hành lý xuống ạ. 신 해이 줍 또이 러이 하잉 리 수엉 아
05	직원을 좀 불러 주세요.	**Hãy giúp tôi** gọi nhân viên. 해이 줍 또이 고이 년 비엔
06	투어를 예약해 주실 수 있나요?	**Hãy giúp tôi** đặt tour được không ạ? 해이 줍 또이 닷 투어 드억 콩 아
07	세탁기 사용 좀 도와주세요.	**Hãy giúp tôi** dùng máy giặt ạ. 해이 줍 또이 중 마이 지앗 아
08	택시 잡는 것 좀 도와주세요.	**Hãy giúp tôi** gọi taxi. 해이 줍 또이 고이 딱씨
09	헬멧 쓰는 것 좀 도와주세요.	**Hãy giúp tôi** đội mũ bảo hiểm. 해이 줍 또이 도이 무 바오 히엠
10	길 찾는 것 좀 도와주세요.	**Hãy giúp tôi** tìm đường. 해이 줍 또이 띰 드엉

기내　공항　교통　호텔　길거리　식당　쇼핑　관광지　위급상황

직원을 요청할 때

A : **Hãy giúp tôi gọi nhân viên.**
해이 즙 또이 고이 년 비엔

직원을 좀 불러 주세요.

B : **Xin hãy đợi một chút.**
신 해이 더이 못 쭛

잠시만요.

11	주문하는 것 좀 도와주세요.	**Hãy giúp tôi gọi món.** 해이 즙 또이 고이 몬
12	여기 좀 치워 주세요.	**Hãy giúp tôi dọn chỗ này.** 해이 즙 또이 존 쪼 나이
13	문 여는 것 좀 도와주세요.	**Hãy giúp tôi mở cửa.** 해이 즙 또이 머 끄어
14	사진 좀 찍어 주실 수 있을까요?	**Hãy giúp tôi chụp ảnh được không ạ.** 해이 즙 또이 쭙 아잉 드억 콩 아
15	오토바이 타는 것 좀 도와주세요.	**Hãy giúp tôi lên xe máy ạ.** 해이 즙 또이 렌 쌔 마이 아
16	분실 신고하는 것 좀 도와주세요.	**Hãy giúp tôi khai báo mất đồ.** 해이 즙 또이 카이 바오 멋 도
17	호텔에 전화하는 것 좀 도와주세요.	**Hãy giúp tôi gọi điện đến khách sạn.** 해이 즙 또이 고이 디엔 덴 카익 산
18	약 사는 것 좀 도와주세요.	**Hãy giúp tôi mua thuốc.** 해이 즙 또이 무어 투옥
19	이것 좀 도와주실 수 있으세요?	**Hãy giúp tôi cái này được không ạ?** 해이 즙 또이 까이 나이 드억 콩 아
20	도와주세요. 가방을 잃어버렸어요.	**Hãy giúp tôi. Tôi đã bị mất túi xách.** 해이 즙 또이. 또이 다 비 멋 뚜이 싸익

Hãy giúp tôi ~ ~ 하는 것 좀 도와주세요

Pattern 27

Chắc là ~ 아마 ~인 것 같아요

🎧 1_27.mp3

어떤 것이 백퍼센트 확실하지 않거나 추측을 할 때 쓰는 표현입니다. Chắc là ~[짝 라]와 마찬가지로 Hình như ~[힌 뉴]도 동일한 의미로 사용할 수 있습니다.

01	제 자리에 앉으신 것 같은데요.	**Hình như** chị đã ngồi nhầm chỗ của tôi rồi. 힌 뉴 찌 다 응오이 념 쪼 꾸아 또이 조이
02	가방에 배터리를 넣은 것 같아요.	**Chắc là** tôi đã để sạc pin trong cặp. 짝 라 또이 다 데 삭 핀 쫑 깝
03	늦을 것 같아요.	**Chắc là** sẽ bị muộn. 짝 라 쌔 비 무언
04	버스를 잘못 탄 것 같아요.	**Hình như** tôi đã lên nhầm xe buýt. 힌 뉴 또이 다 렌 념 쌔 부잇
05	목적지를 잘못 입력한 것 같아요.	**Hình như** tôi đã nhập nhầm điểm đến. 힌 뉴 또이 다 녑 념 디엠 덴
06	내릴 곳을 지나친 것 같아요.	**Hình như** tôi bị đi quá điểm xuống rồi ạ. 힌 뉴 또이 비 디 꽈 디엠 수엉 조이 아
07	에어컨이 고장 난 것 같아요.	**Hình như** điều hòa bị hỏng rồi ạ. 힌 뉴 디우 화 비 홍 조이 아
08	제 방에서 여권이 분실된 것 같아요.	**Hình như** tôi bị mất hộ chiếu ở trong phòng. 힌 뉴 또이 비 멋 호 찌우 어 쫑 퐁
09	길을 잃은 것 같아요.	**Hình như** tôi bị quên đường rồi ạ. 힌 뉴 또이 비 꾸엔 드엉 조이 아
10	오늘 특별한 날인가봐요?	**Hình như** hôm nay là ngày đặc biệt? 힌 뉴 홈 나이 라 응아이 닥 비엣

| 기내 | 공항 | 교통 | 호텔 | 길거리 | 식당 | 쇼핑 | 관광지 | 위급상황 |

추측할 때

A : **Hình như** hôm nay là ngày đặc biệt.
힌 뉴 홈 나이 라 응아이 닥 비엣
오늘 특별한 날인가봐요.

B : Vâng, hôm nay là Ngày Phụ Nữ Việt Nam.
벙, 홈 나이 라 응아이 푸 느 비엣 남
네, 오늘은 베트남 여성의 날이에요.

11	계산서가 잘못된 것 같아요.	**Hình như** hóa đơn bị nhầm. 힌 뉴 화 던 비 넘
12	음식이 잘못 나온 것 같아요.	**Hình như** đồ ăn bị nhầm rồi ạ. 힌 뉴 도 안 비 넘 조이 아
13	거스름돈을 잘못 주신 것 같아요.	**Hình như** chị trả nhầm tiền thừa rồi ạ. 힌 뉴 찌 짜 념 띠엔 트어 조이 아
14	아마도 그런 것 같아요.	**Chắc là** thế. 짝 라 테
15	일행이 못 올 수도 있어요.	**Chắc là** người đi cùng có thể sẽ không đến được ạ. 짝 라 응어이 디 꿍 꼬 테 쌔 콩 덴 드억 아
16	휴대폰을 도난 당한 것 같아요.	**Hình như** tôi đã bị trộm mất điện thoại. 힌 뉴 또이 다 비 쫌 멋 디엔 토와이
17	오해가 있는 것 같아요.	**Hình như** có hiểu nhầm. 힌 뉴 꼬 히우 념
18	아마도 어제였던 것 같아요.	**Chắc là** ngày hôm qua. 짝 라 응아이 홈 꽈
19	다리가 부러진 것 같아요.	**Hình như** chân tôi bị gãy rồi ạ. 힌 뉴 쩐 또이 비 가이 조이 아
20	사기를 당한 것 같아요.	**Hình như** tôi đã bị lừa. 힌 뉴 또이 다 비 르어

Pattern 28

Tôi phải ~ 꼭 ~해야 합니다

1_28.mp3

phải[파이]는 자신의 의지나 의견을 강력하게 말할 때 쓰는 표현입니다. 화장실이 너무 급하거나 무언가를 꼭 해야 할 때 tôi phải[또이 파이]로 문장을 시작해 보세요. 베트남어에서 ph는 영어의 f와 비슷하게 발음합니다.

01	신발도 벗어야 하나요?	**Tôi phải** bỏ giày ra ạ? 또이 파이 버 쟈이 쟈 아
02	저는 지금 냐짱으로 가야 해요.	Bây giờ **tôi phải** đi Nha Trang. 버이 져 또이 파이 디 냐 짱
03	이 음식을 먹으려면 어디로 가야 하나요?	Muốn ăn món này thì **tôi phải** đi đâu ạ? 무언 안 몬 나이 티 또이 파이 디 더우 아
04	3층으로 올라가야 합니다.	**Tôi phải** lên tầng 3. 또이 파이 렌 떵 바
05	알레르기가 있어서 조심해야 해요.	**Tôi phải** chú ý vì bị dị ứng. 또이 파이 쭈 이 비 비 지 응
06	얼마나 기다려야 할까요?	**Tôi phải** đợi khoảng bao lâu ạ? 또이 파이 더이 코왕 바오 러우 아
07	예약해야 하나요?	**Tôi phải** đặt trước ạ? 또이 파이 닷 쯔억 아
08	2만동을 더 내야 한다는 말이죠?	**Tôi phải** nộp thêm hai mươi nghìn đồng đúng không ạ? 또이 파이 놉 템 하이 므어이 응인 동 둥 콩 아
09	돈을 더 지불해야 한다고요?	**Tôi phải** trả thêm tiền ạ? 또이 파이 짜 템 띠엔 아
10	큰 가방을 사야 해요.	**Tôi phải** mua túi xách lớn. 또이 파이 무어 뚜이 싸익 런

기내　공항　교통　호텔　길거리　식당　쇼핑　관광지　위급상황

티켓을 구입할 때

A : **Tôi phải mua vé đúng không ạ?**
또이 파이 무어 배 둥 콩 아
티켓을 반드시 사야 하는 거죠?

B : **Vâng, nếu muốn đi vào thì phải mua vé ạ.**
벙, 네우 무언 디 바오 티 파이 무어 배 아
네, 들어가려면 티켓을 구입하셔야 해요.

11	현금을 인출해야 해요.	**Tôi phải** rút tiền. 또이 파이 쫏 띠엔
12	3개를 더 사야 해요.	**Tôi phải** mua thêm 3 cái nữa. 또이 파이 무어 템 바 까이 느어
13	저 이제 가 봐야 해요.	**Tôi phải** đi bây giờ. 또이 파이 디 버이 져
14	티켓을 반드시 사야 하는 거죠?	**Tôi phải** mua vé đúng không ạ? 또이 파이 무어 배 둥 콩 아
15	여기서 기다려야 한다고요?	**Tôi phải** đợi ở đây ạ? 또이 파이 더이 어 더이 아
16	오토바이를 대여해야 해요.	**Tôi phải** thuê xe máy. 또이 파이 퉤 쌔 마이
17	당장 화장실에 가야 해요.	**Tôi phải** đi nhà vệ sinh ngay bây giờ. 또이 파이 디 냐 베 신 응아이 버이 져
18	내일모레까지 한국에 귀국해야 해요.	Ngày kia **tôi phải** quay về Hàn Quốc. 응아이 끼아 또이 파이 꿰이 베 한 꿕
19	지금 한국으로 전화해야 합니다.	**Tôi phải** gọi điện đi Hàn Quốc. 또이 파이 고이 디엔 디 한 꿕
20	배가 너무 아파서 병원에 가야 해요.	**Tôi phải** đi bệnh viện vì bụng quá đau. 또이 파이 디 벤 비엔 비 붕 꽈 다우

Tôi phải ~ 꼭 ~ 해야 합니다

Pattern 29
Tôi thích ~ · Tôi không thích ~

~을 좋아해요, ~을 안 좋아해요

🎧 1_29.mp3

자신의 기호를 표현할 때 쓰는 말입니다. 다른 목적어 없이 Tôi thích.[또이 틱](나는 좋아해요.)이라고만 말해도 현지인들은 긍정의 의미로 알아듣습니다. 이 패턴에 không을 추가해 Tôi không thích ~(~을 안 좋아해요)이라고 하면 부정의 뜻으로 씁니다. Không.[콩]은 단독으로 써서 '아니요'라고 쓸 수 있고, 다양한 동사나 형용사 앞에 붙여 씁니다.

01	저는 쌀국수를 좋아합니다.	**Tôi thích phở.** 또이 틱 퍼
02	연유 커피를 좋아해요.	**Tôi thích cà phê sữa.** 또이 틱 까 페 쓰어
03	저는 고수를 안 좋아합니다.	**Tôi không thích rau mùi.** 또이 콩 틱 자우 무이
04	저는 매운 음식 안 좋아해요.	**Tôi không thích ăn cay.** 또이 콩 틱 안 까이
05	이것보다 이걸 더 좋아해요.	**Tôi thích cái này hơn cái này.** 또이 틱 까이 나이 헌 까이 나이
06	저는 김치를 좋아해요.	**Tôi thích Kimchi.** 또이 틱 김치
07	저는 채소를 안 좋아해요.	**Tôi không thích rau.** 또이 콩 틱 자우
08	저는 하노이 맥주를 좋아해요.	**Tôi thích bia Hà Nội.** 또이 틱 비아 하 노이
09	저는 느억맘 소스를 좋아해요.	**Tôi thích nước mắm.** 또이 틱 느억 맘
10	이거 좋아요.	**Tôi thích cái này.** 또이 틱 까이 나이

기내 　공항 　교통 　호텔 　길거리 　식당 　쇼핑 　관광지 　위급상황

식당에서

A : Có bỏ ớt vào không ạ?
꼬 버 엇 바오 콩 아

고추 넣을까요?

B : Tôi không thích ăn cay.
또이 콩 틱 안 까이

저는 매운 음식 안 좋아해요.

11	이 색이 좋아요.	Tôi thích màu này. 또이 틱 머우 나이
12	베트남 간식을 좋아해요.	Tôi thích đồ ăn vặt của Việt Nam. 또이 틱 도 안 밧 꾸아 비엣 남
13	수영하는 걸 별로 안 좋아합니다.	Tôi không thích bơi. 또이 콩 틱 버이
14	사진 찍는 거 좋아해요.	Tôi thích chụp ảnh. 또이 틱 쭙 아잉
15	너무 좋아요.	Thích quá. 틱 꽈
16	배 타는 걸 안 좋아해요.	Tôi không thích đi thuyền. 또이 콩 틱 디 투이엔
17	전통적인 걸 좋아해요.	Tôi thích sự truyền thống. 또이 틱 스 쭈엔 통
18	걷는 걸 싫어해요.	Tôi không thích đi bộ. 또이 콩 틱 디 보
19	저는 춤추는 걸 안 좋아해요.	Tôi không thích nhảy. 또이 콩 틱 냐이
20	이 노래 좋네요.	Tôi thích bài hát này. 또이 틱 바이 핫 나이

Tôi thích ~ · Tôi không thích ~ · ~을 좋아해요, ~을 안 좋아해요

Pattern 30

Cảm ơn vì đã ~ ~해 주셔서 감사해요

대표적인 감사 표현입니다. Cảm ơn.[깜 언]이라고만 해도 "고맙습니다."라는 뜻이며, 좀 더 공손하게 말하려면 뒤에 ạ[아]를 붙여 cảm ơn ạ[깜 언 아]라고 하면 됩니다. 뒤에 '~ 때문에, ~ 해 주셔서'를 뜻하는 vì đã[비 다]를 써서 이유를 말하면 더욱 정확한 표현이 됩니다. 실제로 도움을 받았을 때 외에도 일상적으로 자주 쓰는 패턴입니다. vì 대신 anh/chị와 같은 대명사를 넣으면 상대방을 구체적으로 가리키는 감사 표현이 됩니다.

---

01 마음 써 주셔서 감사해요.
Cảm ơn vì đã để tâm.
깜 언 비 다 데 떰

02 마중 나와 주셔서 고마워요.
Cảm ơn vì đã đón tiếp tôi.
깜 언 비 다 던 띠엡 또이

03 태워 주셔서 감사합니다.
Cảm ơn chị đã chở tôi về ạ.
깜 언 찌 다 쩌 또이 베 아

04 짐 옮겨 주셔서 고마워요.
Cảm ơn vì đã chuyển đồ giúp tôi.
깜 언 비 다 쭈엔 도 줍 또이

05 배려해 주셔서 감사합니다.
Cảm ơn vì đã quan tâm.
깜 언 비 다 꽌 떰

06 미리 알려 주셔서 감사합니다.
Cảm ơn vì đã báo cho tôi biết trước.
깜 언 비 다 바오 쪼 또이 비엣 쯔억

07 도와주셔서 감사합니다.
Cảm ơn vì đã giúp tôi.
깜 언 비 다 줍 또이

08 친절하게 알려 주셔서 감사합니다.
Cảm ơn vì đã chỉ cho tôi tận tình.
깜 언 비 다 찌 쪼 또이 떤 띤

09 소개해 주셔서 감사합니다.
Cảm ơn vì đã giới thiệu cho tôi.
깜 언 비 다 저이 티우 쪼 또이

10 친절한 서비스 고마워요.
Cảm ơn vì đã phục vụ tận tình.
깜 언 비 다 푹 부 떤 띤

기내　공항　교통　호텔　길거리　식당　쇼핑　관광지　위급상황

옷가게에서 나올 때

A : **Cảm ơn vì đã phục vụ tận tình.**
깜 언 비 다 푹 부 떤 띤
친절한 서비스 감사해요.

B : **Không có gì ạ.**
콩 꼬 지 아
천만에요.

11	기다려 주셔서 감사합니다.	**Cảm ơn vì đã đợi.** 깜 언 비 다 더이
12	맛있는 음식을 주셔서 감사해요.	**Cảm ơn vì đã cho tôi món ngon.** 깜 언 비 다 쪼 또이 몬 응온
13	자리 바꿔 주셔서 감사해요.	**Cảm ơn vì đã đổi chỗ cho tôi.** 깜 언 비 다 도이 쪼 쪼 또이
14	포장해 주셔서 감사해요.	**Cảm ơn vì đã gói giúp tôi.** 깜 언 비 다 고이 줍 또이
15	칭찬 감사합니다.	**Cảm ơn vì đã khen.** 깜 언 비 다 캔
16	수고해 주셔서 감사해요.	**Cảm ơn vì đã làm giúp tôi.** 깜 언 비 다 람 줍 또이
17	선물 감사해요.	**Cảm ơn vì đã tặng quà.** 깜 언 비 다 땅 꽈
18	이해해 주셔서 감사합니다.	**Cảm ơn vì đã thông cảm.** 깜 언 비 다 통 깜
19	와 주셔서 감사합니다.	**Cảm ơn chị đã đến.** 깜 언 찌 다 덴
20	걱정해 주셔서 감사합니다.	**Cảm ơn vì đã lo lắng cho tôi ạ.** 깜 언 비 다 로 랑 쪼 또이 아

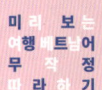
미리 보는
여행 세트 어
무 작 정
따라 하 기

Situation 01 — 기내에서 자리에 앉기

🎧 2_01.mp3

Do — 기내에 탑승하면 통로가 비좁아 타인과 신체적인 접촉이 있을 수 있습니다. 이럴 때는 Xin lỗi.[신 로이] (죄송합니다.)라고 말하세요.

Don't — 비행기가 착륙하면 기내 방송이 나오기 전에는 자리에서 먼저 일어나지 마세요.

현지에서 당신이 듣는 말 👂 / **현지에서 당신이 하는 말** 👄

01 Tôi để hành lý ở đây được không ạ? [또이 데 하잉 리 어 더이 드억 콩 아]
짐을 여기에 둬도 되나요?

02 Vâng, được ạ. [벙, 드억 아]
네, 그러세요.

01 Anh có thể đổi chỗ cho tôi được không ạ? [아잉 꼬 테 도이 쪼 쪼 또이 드억 콩 아]
자리를 바꿔 주실 수 있나요?

02 Vâng, để tôi đổi cho ạ. [벙, 데 또이 도이 쪼 아]
네, 바꿔 드릴게요.

01 Xin lỗi liệu chỗ ngồi này có đúng không ạ? [신 로이 리우 쪼 응오이 나이 꼬 둥 콩 아]
혹시 이 좌석 맞으세요?

02 Vâng, đúng rồi ạ. [벙, 둥 조이 아]
네, 맞는데요..

03 Hình như anh ngồi nhầm chỗ của tôi thì phải. [힌 뉴 아잉 응오이 넘 쪼 꾸아 또이 티 파이]
제 자리에 앉으신 것 같은데요.

04 À, vậy ạ? Xin đợi 1 chút. Tôi sẽ kiểm tra lại ạ. [아, 버이 아? 신 더이 못 쭛. 또이 쌔 끼엠 짜 라이 아]
아, 그래요? 잠시만요. 확인해 볼게요.

05 Xin lỗi, tôi đã ngồi nhầm chỗ rồi ạ. Mời ngồi. [신 로이, 또이 다 응오이 넘 쪼 조이 아. 머이 응오이]
죄송합니다. 제가 잘못 앉았네요. 앉으세요.

---

kiểm tra [끼엠 짜] 확인하다 / **ngồi** [응오이] 앉다

Situation 02 기내에서 식사하기

🎧 2_02.mp3

Do 식사를 할 때는 뒷사람이 불편하지 않도록 젖혀진 의자 등받이를 바로 세우고 식사 테이블을 펼쳐 놓으세요. 기내식을 받을 때는 가장 안쪽에 앉아 있는 사람부터 식사를 받을 수 있도록 배려해 주세요.

Don't 식사 이외에 추가로 필요한 것이 있을 때는 큰 소리로 승무원을 부르지 마세요. 좌석에 붙어 있는 호출 버튼을 이용하거나 승무원이 옆으로 지나갈 때 요청하세요.

현지에서 당신이 듣는 말	현지에서 당신이 하는 말
01 Chị có thể dựng ghế tựa thẳng lên được không ạ? [찌 꼬 테 증 게 뜨어 탕 렌 드억 콩 아] 등받이를 바로 세워 주시겠어요?	**02** Vâng, tôi biết rồi ạ. [벙, 또이 비엣 조이 아] 네, 알겠습니다.
01 Chị muốn dùng thịt gà hay thịt bò ạ? [찌 무온 중 팃 가 하이 팃 버 아] 치킨과 비프, 어느 쪽으로 하시겠어요?	**02** Cho tôi thịt bò. [쪼 또이 팃 버] 비프로 주세요.
03 Chị dùng đồ uống gì ạ? [찌 중 도 우옹 지 아] 음료는 무엇으로 하시겠어요?	**04** Cho tôi cocacola. [쪼 또이 꼬까꼴라] 콜라로 주세요.
01 Chị có dùng cà phê không ạ? [찌 꼬 중 까 페 콩 아] 커피 드시겠어요?	**02** Vâng, cho tôi 1 cốc. [벙, 쪼 또이 못 꼭] 네, 한 잔 주세요.
02 Vâng, giá là hai mươi nghìn đồng ạ. [벙, 지아 라 하이 므어이 응인 동 아] 네, 2만동입니다.	**01** Có gọi mì được không ạ? [꼬 고이 미 드억 콩 아] 컵라면 주문되나요?

ghế tựa [게 뜨어] 등받이 / **cốc** [꼭] 잔 / **mì** [미] 컵라면

Situation 03 기내에서
기타 상황

 2_03.mp3

Do 저가 항공을 이용할 경우 담요나 베개는 제공되지 않으며 기내식도 티켓 결제 시 미리 지급하거나 기내에서 구입해야 합니다. 물도 유료인 경우가 있으니 서비스를 요구하기 전에 유료인지 무료인지 물어보세요. 한국에서 베트남까지는 다섯 시간에서 조금 더 걸릴 수 있으니 옷은 편안하게 입고 수면 안대나 목 베개를 준비하는 것이 좋습니다.

현지에서 당신이 듣는 말 | **현지에서 당신이 하는 말**

01 **Xin lỗi ở đây có đồ này không ạ?** [신 로이 어 더이 꼬 도 나이 콩 아]
카탈로그에 있는 이 제품 있어요?

02 **Vâng, có ạ.** [벙 꼬 아]
네, 있습니다.

03 **Thanh toán bằng thẻ được không ạ?** [타잉 또안 방 태 드억 콩 아]
카드로 계산할 수 있나요?

04 **Đương nhiên là được rồi ạ.** [드엉 니엔 라 드억 조이 아]
물론 가능합니다.

⋯

01 **Cho tôi thêm một cái chăn mỏng nữa được không ạ?** [쪼 또이 템 못 까이 짠 몽 느어 드억 콩 아]
담요 하나만 더 가져다주실 수 있나요?

02 **Vâng, xin hãy đợi một chút ạ.** [벙, 신 해이 더이 못 쭛 아]
네, 잠시만 기다려 주세요.

03 **Chị còn cần gì nữa không ạ?** [찌 꼰 껀 지 느어 콩 아]
더 필요한 것은 없으신가요?

04 **Vâng, cho tôi một cốc nước ạ.** [벙, 쪼 또이 못 꼭 느억 아]
네, 물 한 잔만 주세요.

⋯

01 **Còn bao lâu nữa thì đến nơi ạ?** [꼰 바오 러우 느어 티 덴 너이 아]
도착하려면 시간이 얼마나 남았나요?

02 **Còn 3 tiếng nữa là đến nơi ạ.** [꼰 바 띠엥 느어 라 덴 너이 아]
3시간 정도면 도착합니다.

đương nhiên [드엉 니엔] 당연하다 / **chăn mỏng** [짠 몽] 담요 / **nữa** [느어] 더 / **nơi** [너이] 장소, 곳

Situation 04

공항에서
입국 심사에서

 2_04.mp3

Do 입국 심사를 하기 전에 여권을 준비해서 입국 심사대에 줄을 서세요. 비자를 미리 받았다면 비자도 함께 준비해 주세요.

Don't 입국 심사대에서 절대 사진을 찍지 마세요.

현지에서 당신이 듣는 말

01 Xin cho chúng tôi kiểm tra hộ chiếu. [신 쪼 쭝 또이 끼엠 짜 호 찌우]
여권을 보여 주세요.

03 Chị đến Việt Nam với mục đích gì? [찌 덴 비엣 남 버이 묵 딕 지]
베트남에 무슨 목적으로 오셨나요?

05 Chị định ở lại trong bao lâu? [찌 딘 어 라이 쭝 바오 러우]
얼마 동안 체류하실 예정인가요?

07 Chị định trọ ở đâu? [찌 딘 쩌 어 더우]
어디에서 묵으실 예정인가요?

09 Chị làm nghề gì? [찌 람 응에 지]
무슨 일을 하시나요?

11 Đây ạ. [더이 아]
(여권을 돌려주며) 여기 있어요.

현지에서 당신이 하는 말

02 Đây ạ. [더이 아]
여기 있습니다.

04 Tôi đến Việt Nam du lịch. [또이 덴 비엣 남 쥬 릭]
여행하러 왔습니다.

06 Tôi định ở khoảng 3 ngày. [또이 딘 어 코왕 바 응아이]
3일 동안 머물 예정입니다.

08 Tôi định trọ ở khách sạn Sài Gòn. [또이 딘 쩌 어 카익 산 사이 곤]
사이공 호텔에서 묵을 예정입니다.

10 Tôi là học sinh. [또이 라 혹 신]
학생입니다.

---

hộ chiếu[호 찌우] 여권 / mục đích[묵 딕] 목적 / du lịch[쥬 릭] 여행 / định[딘] ~할 예정이다 / trọ[쩌] 머무르다

Situation 05

공항에서

수하물 파손 및 분실했을 때

🎧 2_05.mp3

Do 짐이 늦게 나오는 경우가 많으니 인내심을 가지고 기다려 주세요. 오래 기다려도 나오지 않을 경우 카운터에 문의하세요. 다른 여행객과 짐이 바뀌거나 분실되지 않도록 수하물에 이름표를 붙이거나, 자신이 알아볼 수 있는 스티커 등으로 표시해도 좋습니다. 귀중품이 들어 있다면 자물쇠를 걸어 주세요.

현지에서 당신이 듣는 말 👂	현지에서 당신이 하는 말 👄

02 Chị đã đi hãng hàng không nào ạ? [찌 다 디 항 항 콩 나오 아]
어느 항공편을 이용하셨어요?

01 Hành lý của tôi chưa đến. [하잉 리 꾸아 또이 쯔어 덴]
(공항 직원에게) 가방이 도착하지 않았어요.

04 Xin hãy đợi một chút. Tôi sẽ liên lạc với bên phụ trách. [신 해이 더 이 못 쭛. 또이 쌔 리엔 락 버이 벤 푸 짜익]
잠시만 기다려 주세요. 담당자에게 연락해 보겠습니다.

03 Vietnam airlines số hiệu 3210 ạ. [비엣남 에얼라인 소 히우 바 하이 못 콩 아]
베트남항공 3210편입니다.

05 Hình như hành lý chưa được mang tới thì phải ạ. Tôi sẽ liên lạc lại nếu chuyến bay sau đến nơi. [힌 뉴 하잉 리 쯔어 드억 망 떠이 티 파이 아. 또이 쌔 리엔 락 라이 네우 쭈엔 바이 사우 덴 너이]
짐이 실리지 않은 것 같아요. 다음 편 비행기로 도착하면 연락 드리겠습니다.

06 Anh có thể gửi về khách sạn giúp tôi được không ạ? [아잉 꼬 테 그이 베 카익 산 쥽 또이 드억 콩 아]
호텔로 보내 주실 수 있습니까?

07 Vâng, xin hãy để lại số điện thoại và địa chỉ khách sạn ạ. [벙, 신 해이 데 라이 소 디엔 토와이 바 디어 찌 카익 산 아]
네, 여기에 연락처와 호텔 주소를 적어 주세요.

Situation 06 공항에서
환전

Do 한국에서 달러로 바꾼 뒤 베트남 현지 공항에서 달러를 다시 베트남 동으로 환전하는 것이 조금 더 유리합니다.

Don't 현지에서 환전할 때는 주는 대로 바로 지갑에 넣지 마세요. 베트남 화폐는 0의 개수가 많기 때문에 두세 번 체크해야 합니다.

현지에서 당신이 듣는 말

02 Xin chào. Chị muốn đổi bao nhiêu tiền ạ?
[신 짜오. 찌 무언 도이 바오 니우 띠엔 아]
안녕하세요. 얼마를 환전하고 싶으신가요?

04 Vâng, theo tỷ giá hôm nay là khoảng 6 triệu 9 trăm 6 mươi nghìn đồng ạ. Chị muốn lấy tờ 5 trăm hay là cả tờ 1 trăm nghìn nữa? [벙, 태오 띠 지아 홈 나이 라 코왕 사우 찌우 찐 짬 사우 므어이 응인 동 아. 찌 무언 러이 떠 남 짬 해이 라 까 떠 못 짬 응인 느어]
네, 오늘 환율로 계산하면 약 696만동이네요. 50만 동짜리로 드릴까요 10만동짜리 섞어 드릴까요?

06 Vâng, để tôi kiểm tra ạ. Tổng là 6 triệu 9 trăm 6 mươi nghìn đồng ạ. [벙, 데 또이 끼엠 짜 아. 똥 라 사우 찌우 찐 짬 사우 므어이 응인 동 아]
네. 여기 확인해 드리겠습니다. 총 696만동입니다.

현지에서 당신이 하는 말

01 Xin chào. Tôi muốn đổi tiền.
[신 짜오. 또이 무언 도이 띠엔]
안녕하세요. 환전하고 싶어요.

03 Tôi muốn đổi 300 đô sang tiền Việt.
[또이 무언 도이 바 짬 도 상 띠엔 비엣]
300달러를 베트남 동으로 바꾸고 싶어요.

05 Cho tôi cả 2 loại tiền.
[쪼 또이 까 하이 로와이 띠엔]
섞어 주세요.

07 Vâng, xin đợi chút. Để tôi kiểm tra lại. [벙, 신 더이 쭛. 데 또이 끼엠 짜 라이]
네, 잠시만요. 확인 한 번만 할게요.

---

tỷ giá[띠 지아] 환율 / **loại**[로와이] 종류 / **tổng**[똥] 총

Situation 07 공항에서
비행기를 놓쳤을 때

🎧 2_07.mp3

Do 예약 대기자 명단에 이름을 올려 두었다가 다음 비행기에 빈자리가 났을 때 탑승하거나, 새로 탑승권을 구입해 타야 합니다.

Don't 한국행 비행기는 밤에 출발하는 경우가 많은데, 시간이 남는다고 잠이 들거나 하면 안 됩니다. 자칫 비행기를 놓칠 수 있습니다. 시간과 날짜를 잘 확인하고 안내 방송을 주의해서 들으세요.

현지에서 당신이 듣는 말 🔊	현지에서 당신이 하는 말 👄

01 Tôi đã bị lỡ mất chuyến máy bay đi Incheon. Khi nào có chuyến tiếp theo ạ?
[또이 다 비 러 멋 쭈엔 마이 바이 디 인천. 키 나오 꼬 쭈엔 띠엡 태오 아]
인천행 비행기를 놓쳤어요. 다음 비행기는 언제 있나요?

02 4 tiếng sau sẽ có chuyến tiếp theo ạ.
[본 띠엥 사우 쌔 꼬 쭈엔 띠엡 태오 아]
다음 비행기는 4시간 후에 있습니다.

03 Có chỗ trống không ạ?
[꼬 쪼 쫑 콩 아]
빈자리 있나요?

04 Có ạ. [꼬 아]
있습니다.

05 Tôi sẽ đặt vé. [또이 쌔 닷 배]
표 예약할게요.

06 Có chi phí chuyển đổi không ạ? Phải trả bao nhiêu tiền ạ?
[꼬 찌 피 쭈엔 도이 콩 아? 파이 짜 바오 니우 띠엔 아]
변경 수수료가 있나요? 얼마를 내야 하나요?

07 Có ạ. Phí dịch vụ là 1 triệu 2 trăm nghìn đồng.
[꼬 아. 피 직 부 라 못 찌우 하이 짬 응인 동]
있습니다. 수수료는 120만동입니다.

---

lỡ mất [러 멋] 놓치다 / **tiếp theo** [띠엡 태오] 다음의, 계속해서 / **đặt** [닷] 예약하다 / **chi phí** [찌 피] 요금

Situation 08

공항에서
비행기 체크인

🎧 2_08.mp3

Do 국제선은 비행기 탑승 시간보다 최소한 2시간 전, 국내선은 최소한 1시간 전까지 공항에 도착해 수속을 마쳐 주세요. 탑승 게이트나 출발 시간이 바뀌는 경우가 많으니 안내 방송을 주의 깊게 듣고 탑승 전에 꼭 게이트를 한 번 더 확인하세요.

현지에서 당신이 듣는 말 | 현지에서 당신이 하는 말

01 Xin chào. Chị đi đâu ạ?
[신 짜오. 찌 디 더우 아]
안녕하세요. 어디 가세요?

02 Tôi đi Đà Nẵng. [또이 디 다 낭]
다낭에 가요.

03 Chị có đồ kí gửi không ạ?
[찌 꼬 도 끼 그이 콩 아]
부칠 짐은 있으세요?

04 Tôi có 1 cái cặp. Được bao nhiêu cân kí gửi và xách tay ạ?
[또이 꼬 못 까이 깝. 드억 바오 니우 껀 끼 그이 바 싸익 따이 아]
여행 가방 하나 있어요. 기내용 수하물 무게 제한은 어떤가요?

05 Được 10 cân ạ. [드억 므어이 껀 아]
10킬로그램까지입니다.

06 Trong cặp không có pin hoặc bật lửa đúng không ạ?
[쫑 깝 콩 꼬 핀 호악 벗 르어 둥 콩 아]
가방에 배터리나 라이터 없으시죠?

07 Vâng, không có ạ. [벙, 콩 꼬 아]
네, 없습니다.

08 Ghế số 32A. Chúc quý khách có 1 chuyến du lịch vui vẻ.
[게 소 바 므어이 하이 아. 쭉 꿔 카익 꼬 못 쭈엔 쥬 릭 부이 배]
좌석은 32A입니다. 즐거운 여행하세요.

---

cặp[깝] 가방 / **xách tay**[싸익 따이] 손가방 / **pin**[핀] 배터리 / **bật lửa**[벗 르어] 라이터 / **vui vẻ**[부이 배] 즐거운

Situation 09

공항에서
비행기가 연착됐을 때

🎧 2_09.mp3

Do 베트남 국내선의 경우 비행기 시간이 지연되는 경우가 많습니다. 당일 아침이나 전날 아침에 꼭 이메일을 확인하여 비행기가 지연되지 않았는지 확인하세요.

Don't 상황이 언제 바뀔지 모르니 다른 곳에서 시간을 오래 지체하지 마세요.

현지에서 당신이 듣는 말 🎧)) 현지에서 당신이 하는 말 👄

01 Sao quầy vẫn chưa được mở ạ?
[사오 꿔이 번 쯔어 드윽 머 아]
왜 아직 카운터가 열리지 않았나요?

02 Chuyến bay từ Hồ Chí Minh đến Nha Trang bị hoãn từ 7 giờ đến 9 giờ sáng. [쭈엔 바이 뜨 호 찌 민 덴 냐 짱 비 호안 뜨 바이 져 덴 찐 져 상]
호찌민발 냐짱행 항공편이 오전 7시에서 오전 9시로 지연됐습니다.

03 Chị chưa kiểm tra mail ạ?
[찌 쯔어 끼엠 짜 메일 아]
이메일을 확인하지 못하셨나요?

04 À, vâng …. [아, 벙]
아, 맞네요 ….

05 Tại sao máy bay lại bị trì hoãn thế?
[따이 사오 마이 바이 라이 비 찌 호안 테]
비행기가 왜 지연됐나요?

06 Vì hôm nay mây mù dày đặc nên thời gian cất cánh bị trì hoãn.
[비 홈 나이 머이 무 쟈이 닥 넨 터이 지안 껏 까잉 비 찌 호안]
오늘 인개가 심해서 지연됐습니다.

07 Quầy vé sẽ được mở trong khoảng 1 tiếng nữa. Xin vui lòng đợi chút ạ. [꿔이 배 쌔 드윽 머 쫑 코앙 못 띠엥 느어. 신 부이 롱 더이 쭛 아]
카운터는 약 1시간 뒤에 열 예정이니 조금만 기다려 주세요.

08 Vâng, Tôi hiểu rồi. Xin cảm ơn.
[벙, 또이 히우 조이. 신 깜 언]
네, 알겠습니다. 감사해요.

---

bị hoãn[비 호안] 지연되다 / **mây mù**[머이 무] 안개

Situation 10 공항에서
유심 칩 사기

Do 현지 공항에서 유심 칩을 사면 종류에 따라 LTE 속도로 현지 통신사 인터넷을 사용할 수 있습니다. 만약 체류 기간이 길어 현지 전화번호가 필요할 경우는 유심을 구입하는 것이 좋습니다. 일주일 이내로 짧게 체류할 경우 국내 통신사에서 로밍을 하셔도 좋습니다. 현지 유심 칩으로 바꿔 사용할 경우 기존 유심 칩은 빼서 잃어버리지 않도록 잘 보관해 두세요.

현지에서 당신이 듣는 말   / 현지에서 당신이 하는 말

01 Tôi có thể mua thẻ sim ở đâu?
[또이 꼬 태 무어 태 심 어 더우]
유심 카드 어디서 사나요?

02 Đi về phía trước là có ạ.
[디 베 피아 쯔억 라 꼬 아]
저기 앞쪽으로 가시면 있어요.

03 Xin hãy cho tôi thẻ sim có thể sử dụng vô hạn trong 3 ngày.
[신 해이 쪼 또이 태 심 꼬 테 스 중 보 한 쫑 바 응아이]
3일 동안 무제한으로 쓸 수 있는 유심 칩으로 주세요.

04 Vâng, cho tôi mượn điện thoại.
[벙, 쪼 또이 므언 디엔 토와이]
네, 휴대폰 주세요.

05 Thẻ sim có sẵn trong này tôi sẽ để đây.
[태 심 꼬 산 쫑 나이 또이 쌔 데 더이]
원래 끼워 있던 유심 칩은 여기 두었어요.

06 Cái được viết ở đây là số điện thoại.
[까이 드억 비엣 어 더이 라 소 디엔 토와이]
여기 적혀 있는 게 현지 전화번호입니다.

07 Vâng, xin cảm ơn. [벙, 신 깜 언]
네, 감사합니다.

---

thẻ sim[태 심] 심 카드 / **phía trước**[피아 쯔억] 앞쪽 / **vô hạn**[보 한] 무제한 / **để**[데] 두다

83

Situation 11

공항에서
택시 타기

 2_11.mp3

Do 공항에서 조금만 나가면 왼쪽에 초록색 마이린 택시와 흰색 비나선 택시가 있습니다. 직원에게 호텔 주소를 보여 주세요. 저렴하게 시내로 가고 싶다면 그랩 택시를 부르세요. 그랩 택시를 타기 전에는 반드시 차량 번호판이 어플에 나온 것과 일치하는지 확인하고 탑승하세요.

Don't 그랩 또는 공식 택시(마이린, 비나선)가 아니면 절대 탑승하지 마세요. 공항에서는 호객 행위와 사기 택시가 많고 사람이 많아 혼잡하니 늘 소지품을 조심하세요.

현지에서 당신이 듣는 말 | **현지에서 당신이 하는 말**

01 **Taxi!** [딱씨]
택시!

02 **Chị đi đâu ạ?** [찌 디 더우 아]
어디로 가시나요?

03 **Tôi phải đi đến địa chỉ này.**
[또이 파이 디 덴 디아 찌 나이]
이 주소로 가야 합니다.

04 **Vâng, xin đợi 1 chút.**
[벙, 신 더이 못 쫏]
네, 잠시만 기다리세요.

05 **Có mấy người đi tất cả ạ?**
[꼬 머이 응어이 디 떳 까 아]
총 몇 명이 타시나요?

06 **6 người.** [사우 응어이]
6명입니다.

07 **Tôi sẽ gọi cho chị xe taxi to.**
[또이 쌔 고이 쪼 찌 쌔 딱씨 떠]
큰 택시를 불러 드릴게요.

08 **Xin hãy đi taxi này.**
[신 해이 디 딱씨 나이]
이 택시 타세요.

09 **Vâng, xin cảm ơn.** [벙, 신 깜 언]
네, 감사합니다.

đợi[더이] 기다리다 / **tất cả**[떳 까] 총, 모두 / **to**[떠] 크다

Situation 12

교통에서

공항 버스 타기

🎧 2_12.mp3

Do 공항 근처엔 저렴하게 시내까지 갈 수 있는 공항 버스가 있습니다. 이용할 호텔이 공항 버스 노선에서 가깝고 짐이 적다면 버스를 이용해 보세요. 일반적으로는 공항 버스 표를 미리 구입하고 버스를 탑니다.

Don't 버스를 타고 나면 티켓을 확인하는 경우가 많으니 버스에서 내리기 전까진 티켓을 잃어버리지 마세요.

현지에서 당신이 듣는 말	현지에서 당신이 하는 말

01 Điểm bán vé xe buýt của sân bay ở đâu ạ?
[디엠 반 배 쌔 부잇 꾸아 선 바이 어 더우 아]
공항 버스 매표소는 어디 있나요?

02 Ở bên kia. [어 벤 끼아]
저쪽이에요.

01 2 người bao nhiêu tiền ạ?
[하이 응어이 바오 니우 띠엔 아]
2명이요. 얼마죠?

02 4 mươi nghìn đồng ạ.
[본 므어이 응인 동 아]
4만동입니다.

03 Chị sẽ đi khách sạn nào ạ? Cho tôi xem địa chỉ ạ. [찌 쌔 디 카익 산 나오 아? 쪼 또이 쌤 디아 찌 아]
어느 호텔로 가세요? 주소를 보여 주세요.

04 Đây ạ. [더이 아]
여기요.

05 Chị có thể xuống ở Dinh Độc Lập.
[찌 꼬 테 수엉 어 진 독 럽]
통일궁에서 내리시면 됩니다.

06 Xe buýt mấy giờ bắt đầu chạy ạ? [쌔 부잇 머이 져 밧 더우 짜이 아]
버스는 몇 시에 출발하나요?

07 1 lúc nữa là xe bắt đầu chạy.
[못 룩 느어 라 쌔 밧 더우 짜이]
조금 있으면 출발해요.

điểm[디엠] 곳, 점 / **bắt đầu**[밧 더우] 시작하다, 출발하다

Situation 13 — 교통에서
오토바이 타기

🎧 2_13.mp3

Do — 오토바이에 탑승하기 전에 그랩 기사가 주는 헬멧을 반드시 착용하세요.

Don't — 오토바이 위에서는 절대로 휴대폰을 사용하거나 위험한 행동을 하지 마세요. 오토바이 뒷자석에 탔을 때는 말을 많이 하거나 시끄럽게 굴면 운전자에게 방해가 되어 사고로 이어질 수 있습니다.

현지에서 당신이 듣는 말 🎧	현지에서 당신이 하는 말 👄

01 Chị là Park Mina? [찌 라 박 미나]
박미나 씨 맞으시죠?

02 Vâng, đúng rồi ạ. [벙, 둥 조이 아]
네, 맞아요.

03 Xin hãy đội mũ bảo hiểm. [신 해이 도이 무 바오 히엠]
헬멧을 착용해 주세요.

04 Xin hãy đi chậm. [신 해이 디 쩜]
조금만 천천히 가 주세요.

05 Hãy cho tôi xuống ở đằng trước. [해이 쪼 또이 수엉 어 당 쯔억]
저기 앞에서 내려 주세요.

06 Vâng, tôi hiểu rồi ạ. [벙, 또이 히우 조이 아]
네, 알겠습니다.

07 Ôi, hãy giúp tôi tháo mũ bảo hiểm. [오이, 해이 줍 또이 타오 무 바오 히엠]
잇, 헬멧 벗는 것 좀 도와주세요.

08 Xin cảm ơn. [신 깜 언]
감사합니다.

đội[도이] (모자) 쓰다 / **chậm**[쩜] 느리게 / **giúp**[줍] 도와주다

86

Situation 14

교통에서
택시 투어 하기

 2_14.mp3

Do 베트남은 택시비가 저렴한 편이기 때문에 택시를 하루 대절하여 원하는 곳 위주로 둘러보는 것도 좋습니다. 택시비는 미터기에 표시된 만큼 지급하면 됩니다. 가격은 조금 흥정이 가능할 수 있습니다.

Don't 처음부터 너무 무리하게 싼 가격으로 흥정하려 하지 마세요.

현지에서 당신이 듣는 말	현지에서 당신이 하는 말
	01 Hôm nay tôi muốn đi vòng quanh Huế bằng taxi. Có thuê được không ạ? [홈 나이 또이 무언 디 봉 꽈잉 후에 방 딱씨. 꼬 퉤 드억 콩 아] 오늘 하루 종일 후에를 택시로 돌아다니고 싶은데 대절 가능할까요?
02 Vâng. Chị có kế hoạch đi đâu chưa ạ? [벙. 찌 꼬 께 호악 디 더우 쯔어 아] 네. 어디 어디 돌아보실 계획이세요?	03 Tôi muốn đi đến cố cung Huế. Muốn thưởng thức cả bữa trưa và bữa tối nữa. [또이 무언 디 덴 꼬 꿍 후에. 무언 트엉 특 까 브어 쯔어 바 브어 또이 느어] 후에 왕궁을 돌아보고 싶어요. 점심과 저녁 식사도 중간에 하고 싶어요.
04 Một ngày có thể thăm quan được 3 chỗ. [못 응아이 꼬 테 탐 꽌 드억 바 쪼] 하루 종일이면 왕궁은 세 곳 정도 돌아 보실 수 있어요.	05 Ồ, vậy ạ? Thế thì hãy đi đến nơi gần nhất cho tôi ạ. [오, 버이 아? 테 티 해이 디 덴 너이 건 녓 쪼 또이 아] 아, 그런가요? 그럼 가까운 순서로 이동해 주세요.
06 Vâng, tôi hiểu rồi ạ. [벙, 또이 히우 조이 아] 네, 알겠습니다.	

vòng quanh [봉 꽈잉] 순회하다, 둘러보다 / thuê [퉤] 빌리다, 대절하다 / thưởng thức [트엉 특] 즐기다

Situation 15

교통에서
슬리핑 버스 예약하기

 2_15.mp3

Do 장거리 이동을 하거나 피곤할 때는 슬리핑 버스를 예약해서 이용하면 좋습니다. 인터넷으로 미리 예약해도 되고 직접 가서 시간표를 보며 현장 구매할 수도 있습니다. 직원의 안내에 따라 정해진 시간과 날짜에 지정된 버스 터미널로 가면 슬리핑 버스를 탈 수 있습니다.

현지에서 당신이 듣는 말	현지에서 당신이 하는 말

01 Có xe buýt giường nằm đi đến Đà Nẵng không ạ?
[꼬 쌔 부잇 즈엉 남 디 덴 다 낭 콩 아]
다낭 가는 슬리핑 버스 있나요?

02 Vâng, có ạ. Mấy người ạ?
[벙 꼬 아. 머이 응어이 아]
네, 있습니다. 몇 분이신가요?

03 2 người ạ. [하이 응어이 아]
두 사람입니다.

04 Thời gian chạy của xe buýt có thể xem ở đây ạ. [터이 지안 짜이 꾸아 쌔 부잇 꼬 테 쌤 어 더이 아]
버스 시간표는 여기를 보시면 됩니다.

05 Cho tôi xe buýt lúc 8 giờ sáng.
[쪼 또이 쌔 부잇 룩 땀 져 상]
내일 오전 8시로 할게요.

06 Chị muốn ngồi ghế tầng 1 hay tầng 2?
[찌 무언 응오이 게 떵 못 해이 떵 하이]
좌석은 1층으로 드릴까요, 2층으로 드릴까요?

07 Cho tôi tầng 1. [쪼 또이 떵 못]
1층으로 주세요.

08 2 vé đi Đà Nẵng vào ngày thứ 3 lúc 8 giờ sáng đã được đặt rồi ạ.
[하이 배 디 다 낭 바오 응아이 트 바 룩 땀 져 상 다 드억 닷 조이 아]
화요일 오전 8시 다낭으로 가는 슬리핑 버스 두 좌석 예약됐습니다.

Situation 16

교통에서
슬리핑 버스 타기

🎧 2...16.mp3

Do — 버스 터미널에 버스 종류가 매우 많으니 타기 전에 반드시 목적지를 확인하고 탑승하세요.

Don't — 슬리핑 버스에 신발을 신고 탑승하지 마세요. 휴게소에 정차할 때마다 되도록 화장실을 다녀오고, 버스 안에서는 크게 떠들지 마세요.

현지에서 당신이 듣는 말 🎧	현지에서 당신이 하는 말 👄
	01 Khi nào có xe buýt đi Nha Trang ạ? [키 나오 꼬 쌔 부잇 디 냐 짱 아] 냐짱 가는 버스는 언제 오나요?
02 Sắp tới rồi ạ. Xin hãy ngồi đợi ở phòng chờ. [쌉 떠이 조이 아. 신 해이 응오이 더이 어 퐁 쩌] 곧 와요, 대기실에서 조금만 더 기다리세요.	
	01 Đây có phải là xe buýt đi Nha Trang không ạ? [더이 꼬 파이 라 쌔 부잇 디 냐 짱 콩 아] 이 버스 냐짱 가는 버스 맞나요?
02 Vâng, đúng rồi ạ. Chị lên xe đi ạ. Chị có hành lý không? [벙, 둥 조이 아. 찌 렌 쌔 디 아. 찌 꼬 하잉 리 콩] 네, 맞아요. 얼른 탑승하세요. 짐 있으신가요?	**03** Vâng, tôi có 1 cái. [벙, 또이 꼬 못 까이] 네, 하나 있어요.
	04 Xin hãy giúp tôi tìm chỗ ngồi. [신 해이 줍 또이 띰 쪼 응오이] 좌석 찾는 것 좀 도와주세요.
05 Vâng, xin hãy lên tầng 2 ạ. [벙, 신 해이 렌 떵 하이 아] 네, 여기 2층으로 올라가시면 됩니다.	
	06 Khoảng mấy giờ thì đến Nha Trang ạ? [코왕 머이 져 티 덴 냐 짱 아] 냐짱엔 몇 시쯤에 도착하나요?
07 Khoảng 7 tiếng nữa, chúng ta sẽ đến Nha Trang lúc 5 giờ sáng. [코왕 바이 띠엥 느어, 쭝 따 쌔 덴 냐 짱 룩 남 져 상] 약 7시간 후인 새벽 5시에 도착할 예정입니다.	

phòng chờ [퐁 쩌] 대기실 / **lên** [렌] 타다 / **tìm** [띰] 찾다 / **khoảng** [코왕] 약

Situation 17 호텔에서 예약하기

🎧 2_17.mp3

Do 호텔 내부 규칙을 준수하세요.

Don't 호텔 예약 사이트를 통해 예약할 때 사이트에 있는 사진을 그대로 믿지 마세요. 사진과 다를 수 있습니다.

현지에서 당신이 듣는 말	현지에서 당신이 하는 말

01 Xin chào, chị đã đặt trước chưa ạ?
[신 짜오, 찌 다 닷 쯔억 쯔어 아]
안녕하세요, 예약하셨나요?

02 Vâng, tôi đã đặt trước bằng tên Kim Hyeri.
[벙, 또이 다 닷 쯔억 방 뗀 김 혜리]
네, 김혜리로 예약했어요.

03 Phòng đôi 4 ngày 3 đêm đúng không ạ? [퐁 도이 본 응아이 바 뎀 둥 콩 아]
더블 룸 하나 3박 4일 맞나요?

04 Vâng, đúng rồi ạ. [벙, 둥 조이 아]
네, 맞아요.

05 Trong phòng không được hút thuốc và không bao gồm bữa sáng.
[쫑 퐁 콩 드억 훗 투옥 바 콩 바오 곰 브어 상]
금연 객실이고 조식은 포함되어 있지 않습니다.

06 Ồ vậy ạ? Bữa sáng bao nhiêu tiền ạ? [오 버이 아? 브어 상 바오 니우 띠엔 아]
아 그래요? 조식은 금액이 어떻게 되죠?

07 Bữa sáng là buffet tự chọn 1 lần 15 đô. [브어 상 라 부펫 뜨 쩐 못 런 므어이 람 도]
조식은 뷔페식이며 1회에 15달러입니다.

08 Nếu vậy hãy cho tôi 2 lần ăn sáng.
[네우 버이 해이 쪼 또이 하이 런 안 상]
그럼 조식 2회 포함해 주세요.

09 Cho tôi mượn thẻ tín dụng để thanh toán tiền cọc.
[쪼 또이 므언 태 띤 중 데 타잉 또안 띠엔 꼭]
보증금을 결제해야 하니 신용카드 부탁 드립니다.

10 Vâng, đây ạ. [벙 더이 아]
네, 여기 있어요.

---

phòng đôi[퐁 도이] 더블 룸 / **bao gồm**[바오 곰] 포함하다 / **mượn**[므언] 빌리다

Situation 18

호텔에서
투어 예약하기

Do 호텔과 연계된 투어를 이용하면 합리적인 가격에 편하게 투어를 예약할 수 있습니다. 호텔 프런트에 어떤 투어 프로그램이 있는지 물어보세요. 단체 투어가 아닌 자유 여행을 원하고 목적지에 갈 교통수단만 필요한 경우라면 호텔을 통해 택시를 대절할 수 있습니다.

현지에서 당신이 듣는 말	현지에서 당신이 하는 말

01 Xin chào. Tôi muốn đi đến Sunworld. Có tour không ạ? [신 짜오. 또이 무언 디 덴 선월드. 꼬 투어 콩 아]
안녕하세요, 선월드에 가고 싶은데 혹시 관련 투어가 있을까요?

02 Nếu là tour tập thể thì giá là 7 trăm nghìn đồng 1 người. Nếu thuê taxi, giá tiền taxi 2 chiều và cả chi phí tài xế ngồi đợi thì 2 người là 1 triệu 1 trăm 10 nghìn đồng. [네우 라 투어 떱 테 티 지아 라 바이 짬 응인 동 못 응어이. 네우 퉤 딱씨, 지아 띠엔 딱씨 하이 찌우 바 까 찌 피 따이 쎄 응오이 더이 티 하이 응어이 라 못 찌우 못 짬 므어이 응인 동]
단체 투어를 하시면 가격은 1인당 70만동입니다. 택시를 대절할 경우 왕복 택시비와 기사님이 대기하는 시간을 포함하면 두 명까지 약 110만동입니다.

03 Vâng, tôi thấy thuê xe taxi có vẻ tốt hơn đấy ạ. [벙, 또이 터이 퉤 쌔 딱씨 꼬 배 똣 헌 더이 아]
음…. 택시를 대절하는 게 더 좋을 것 같아요.

04 Vâng, tôi hiểu rồi. Tôi sẽ đặt taxi giúp chị ạ. [벙, 또이 히우 조이. 또이 쌔 닷 딱씨 줍 찌 아]
네, 알겠습니다. 지금 택시를 예약해 드릴게요.

---

tour tập thể [투어 떱 테] 단체 투어 / **2 chiều** [하이 찌우] 왕복

Situation 19

호텔에서
룸 서비스 이용하기

🔊 2_19.mp3

Do 숙박비에 아침 식사가 포함되어 있지 않은 경우, 밖에 나가서 간단히 식사를 할 수도 있지만, 몸이 많이 피곤하거나 여유롭게 식사를 즐기고 싶을 때가 있습니다. 이때는 객실에 비치되어 있는 룸 서비스 안내서와 메뉴를 보고 이용하세요.

현지에서 당신이 듣는 말 🎧 | 현지에서 당신이 하는 말 👄

01 Đây là dịch vụ tại phòng. Xin hãy nói đi ạ.
[더이 라 직 부 따이 퐁. 신 해이 노이 디 아]
룸 서비스입니다. 말씀하세요.

02 Xin chào. Tôi muốn đặt một cốc nước táo, bánh mì mới ra lò, BBQ và pasta.
[신 짜오. 또이 무언 닷 못 꼭 느억 따오, 바잉 미 머이 자 로. 비비큐 바 파스타]
안녕하세요. 사과 주스 한 잔, 구운 빵들 그리고 바비큐 립과 파스타를 주문하고 싶어요.

03 Chị còn cần gì nữa không?
[찌 꼰 껀 지 느어 콩]
네, 더 필요한 것 있으세요?

04 À, cho tôi thêm 1 cái kem vanilla.
[아, 쪼 또이 템 못 까이 깸 바닐라]
아, 바닐라 아이스크림도 하나 부탁합니다.

05 Vâng, số phòng là 108 đúng không ạ? [벙, 소 퐁 라 못 린 땀 둥 콩 아]
네, 방 호수가 108 맞나요?

06 Vâng, đúng rồi ạ. [벙, 둥 조이 아]
네, 맞습니다

07 Tổng mất khoảng 14 phút ạ. Xin cảm ơn.
[똥 멋 코왕 므어이 본 풋 아. 신 깜 언]
총 14분 정도 걸립니다. 감사합니다.

---

dịch vụ tại phòng [직 부 따이 퐁] 룸 서비스 / **kem** [깸] 아이스크림

Situation 20

호텔에서

식사 시간·장소 물어보기

🔊 2_20.mp3

Do 호텔 식사 시간이나 장소가 헷갈린다면 프런트에 문의하세요. 조식 신청을 하고 만약 가지 않으면, 객실로 직접 전화가 오는 경우도 있습니다.

현지에서 당신이 듣는 말	현지에서 당신이 하는 말

01 Tôi có 1 câu hỏi là có thể ăn lúc mấy giờ? [또이 꼬 못 꺼우 호이 라 꼬 테 안 룩 머이 져]
질문이 하나 있는데, 몇 시까지 식사가 가능한가요?

02 Bữa sáng là từ 7 giờ đến 10 giờ sáng. Bữa tối từ 7 rưỡi đến 10 rưỡi. [브어 상 라 뜨 바이 져 덴 므어이 져 상. 브어 또이 뜨 바이 즈어이 덴 므어이 즈어이]
아침 식사는 오전 7시부터 10시까지이고 저녁 식사는 7시 반부터 10시 반까지입니다.

03 Còn bữa trưa ạ? [꼰 브어 쯔어 아]
점심은요?

04 Chúng tôi không cung cấp bữa ăn trưa. Nhưng ở gần khách sạn có nhiều quán ăn. [쭝 또이 콩 꿍 껍 브어 안 쯔어. 늉 어 건 카익 산 꼬 니우 꽌 안]
점심 식사는 제공하지 않지만 호텔 근처에 괜찮은 레스토랑이 많이 있어요.

05 Thế à? Ăn ở đâu ạ? [테 아? 안 어 더우 아]
그래요? 식사는 어디서 하면 되죠?

06 Ở tầng 2 có bữa sáng là buffet tự chọn. Còn buổi tối thì chị có thể xuống nhà hàng ở tầng 10. [어 떵 하이 꼬 브어 상 라 부펫 뜨 쫀. 꼰 부어이 또이 티 찌 꼬 테 수엉 냐 항 어 떵 므어이]
조식은 2층에서 뷔페식으로 드실 수 있습니다. 저녁은 10층에 있는 레스토랑으로 가시면 됩니다.

---

câu hỏi [꺼우 호이] 질문 / **cung cấp** [꿍 껍] 제공하다 / **xuống** [수엉] 내려오다

Situation 21

호텔에서
각종 서비스 물어보기

🎧 2_21.mp3

Do 프런트에서 체크인을 할 때 모든 정보를 말해 주지는 않습니다. 인터넷, 세탁 서비스, 체크아웃 시간 등 자세한 정보가 필요하다면 꼭 물어보세요.

현지에서 당신이 듣는 말 👂 | 현지에서 당신이 하는 말 👄

01 Ở đây có cung cấp dịch vụ giặt quần áo không ạ?
[어 더이 꼬 꿍 껍 직 부 지앗 꿘 아오 콩 아]
혹시 세탁 서비스가 제공되나요?

02 Vâng, ở trong tủ quần áo có cái ngăn. Nếu mở ra sẽ có 1 cái cặp to. [벙, 어 쫑 뚜 꿘 아오 꼬 까이 응안. 네우 머 자 쌔 꼬 못 까이 깝 떠]
네, 객실 옷장 속 서랍을 열어 보시면 큰 가방이 있습니다.

03 Chị hãy để quần áo cần giặt vào túi đó và đi đến quầy hướng dẫn. Hoặc có thể để ở trong phòng khách cũng được. [찌 해이 데 꿘 아오 껀 지앗 바오 뚜이 도 바 디 덴 꿔이 흐엉 전. 호악 꼬 테 데 어 쫑 퐁 카익 꿍 드윽]
그 가방에 세탁하실 옷을 넣어 프런트로 가지고 오시거나 객실 안에 두시면 됩니다.

04 Giá cả là bao nhiêu ạ?
[지아 까 라 바오 니우 아]
가격은 어떻게 되나요?

05 Giá sẽ thay đổi theo số cân. Chị có cần thêm dịch vụ giặt khô đồ không ạ? [지아 쌔 타이 도이 태오 소 껀. 찌 꼬 껀 템 직 부 지앗 코 도 콩 아]
킬로그램당 가격이 달라집니다. 혹시 드라이클리닝 서비스도 필요하신가요?

06 Không sao ạ. Xin cảm ơn.
[콩 사오 아. 신 깜 언]
아, 아니요. 괜찮습니다.

---

dịch vụ[직 부] 서비스 / **cái ngăn**[까이 응안] 서랍 / **mở ra**[머 자] 열다 / **quầy hướng dẫn**[꿔이 흐엉 전] 프런트

Situation 22 호텔에서 클레임 걸기

 2_22.mp3

Do 여행 도중에 숙소에서 어려움을 겪는 가장 큰 원인은 의사소통이 힘들기 때문입니다. 불편한 일이 있을 때는 요구 사항이나 불만 사항을 확실하게 전달해야 합니다.

현지에서 당신이 듣는 말	현지에서 당신이 하는 말
01 Xin chào, tôi có thể giúp được gì cho chị? [신 짜오, 또이 꼬 테 즙 드억 지 쪼 찌] 안녕하세요, 무엇을 도와드릴까요?	**02** Vâng, bây giờ tôi đang nghỉ ở phòng 603 nhưng điều hòa bị hỏng nên không bật được. Với lại tôi đã đặt phòng cấm hút thuốc nhưng trong phòng lại có mùi thuốc lá. [벙, 버이 져 또이 당 응이 어 퐁 사우 린 바 늉 디우 화 비 홍 넨 콩 벗 드억. 버이 라이 또이 다 닷 퐁 껌 훗 투옥 늉 쫑 퐁 라이 꼬 무이 투옥 라] 네, 지금 603호에 머무르고 있는데 에어컨이 고장 나서 나오질 않아요. 그리고 금연 객실을 예약했는데 방에서 담배 냄새가 나요.
03 Thật lòng xin lỗi quý khách. Bây giờ tôi sẽ kiểm tra ngay lập tức và đổi phòng khách cho chị. [텃 롱 신 로이 뀌 카익. 버이 져 또이 쌔 끼엠 짜 응아이 럽 뜩 바 도이 퐁 카익 쪼 찌] 아, 정말 죄송합니다. 지금 바로 확인하고 객실을 바꿔 드리겠습니다.	
04 Tôi đã đổi sang phòng 521. Khi nào chị dọn xong hành lý thì hãy cho tôi biết. Tôi sẽ chuyển phòng cho chị ngay lập tức. Thành thật xin lỗi ạ. [또이 다 도이 상 퐁 남 하이 못. 키 나오 찌 죤 송 하잉 리 티 해이 쪼 또이 비엣. 또이 쌔 쭈엔 퐁 쪼 찌 응아이 럽 뜩. 타잉 텃 신 로이 아] 521호로 바꿔 드렸어요. 짐을 다 싸면 알려 주세요. 바로 옮겨 드리도록 하겠습니다. 죄송합니다.	**05** Không sao, cảm ơn anh. [콩 사오, 깜 언 아잉] 아니에요, 감사합니다.

cấm hút thuốc[껌 훗 투옥] 금연 / mùi[무이] 냄새 / ngay lập tức[응아이 럽 뜩] 바로

| Situation 23 | 호텔에서
체크아웃 하기 |

 2_23.mp3

Do 호텔을 포함해서 어떤 숙소에서든 체크아웃 하기 전에는 반드시 방을 둘러보고 뭔가 두고 가는 건 없는지 다시 한 번 확인하세요. 대부분의 숙소에서는 체크아웃 하고 나서도 무료로 짐을 보관해 주니 필요하다면 큰 짐은 맡겨도 됩니다.

현지에서 당신이 듣는 말 | 현지에서 당신이 하는 말

01 Quý khách muốn check-out không ạ? [퀴 카익 무언 체크아웃 콩 아]
체크아웃 하시겠어요?

02 Vâng. [벙]
네.

03 Xin đợi một chút để tôi kiểm tra phòng ạ.
[신 더이 못 쭛 데 또이 끼엠 짜 퐁 아]
잠시만요, 객실 확인 좀 하겠습니다.

04 Vì thời gian lên máy bay vẫn còn nhiều nên tôi có thể gửi nhờ hành lý ở đây không?
[비 터이 지안 렌 마이 바이 번 꼰 니우 넨 또이 꼬 테 그이 녀 하잉 리 어 더이 콩]
비행기 시간이 남아서 그러는데 짐을 맡길 수 있을까요?

05 Vâng, được ạ. [벙, 드억 아]
네, 가능합니다.

06 Thủ tục check-out đã xong. Quý khách có thể để hành lý ở đây và đi ạ. [투 뚝 체크아웃 다 송. 퀴 카익 꼬 테 데 하잉 리 어 더이 바 디 아]
체크아웃 되셨습니다. 짐은 여기 옆쪽에 두고 가시면 됩니다.

07 Xin cảm ơn. [신 깜 언]
감사합니다.

96

Situation 24 길거리에서
음료·아이스크림 주문하기

🎧 2_24.mp3

Do 길거리 음식은 잘못 먹게 되면 탈이 날 수 있으니, 실내 공간이 마련돼 있는 음식점이나 가게에서 사먹는 걸 추천합니다.

Don't 카페나 음식점, 특히 문이 없이 앞이 뚫려 있는 가게에서 테이블 위에 절대 개인 물건을 올려 놓지 마세요. 잠깐 화장실을 가거나 자리를 비울 때도 자신의 소지품은 늘 챙겨 다녀야 합니다.

현지에서 당신이 듣는 말	현지에서 당신이 하는 말

01 **Xin chào, ở đây có menu tiếng Anh không?** [신 짜오, 어 더이 꼬 메뉴 띠엥 아잉 콩]
안녕하세요, 혹시 영어 메뉴판 있나요?

02 **Vâng, đây ạ.** [벙, 더이 아]
네, 여기 있습니다.

03 **Cho tôi 1 cốc sinh tố dưa bở và 1 cốc sinh tố dâu.** [쪼 또이 못 꼭 신 또 즈어 버 바 못 꼭 신 또 져우]
멜론 스무디 한 잔이랑 딸기 스무디 한 잔 주세요.

04 **50 nghìn đồng ạ.** [남 므어이 응인 동 아]
5만동입니다.

05 **Cho tôi 1 kem Vanilla.** [쪼 또이 못 깸 바닐라]
바닐라 아이스크림도 하나 주세요.

06 **Xin lỗi. Hiện tại thì không thể gọi kem Vanilla được ạ.** [신 로이. 히엔 따이 티 콩 테 고이 깸 바닐라 드억 아]
죄송합니다. 지금 바닐라 아이스크림은 주문이 안 됩니다.

07 **Thế ạ? Vậy cho tôi 1 kem Sô-cô-la.** [테 아? 버이 쪼 또이 못 깸 쇼콜라]
아, 그래요? 그럼 초콜릿 아이스크림으로 주세요.

08 **Vâng, tôi hiểu rồi ạ. Tổng là 1 trăm nghìn đồng ạ.** [벙, 또이 히우 조이 아. 똥 라 못 짬 응인 동 아]
네, 알겠습니다. 총 10만동입니다.

sinh tố[신 또] 스무디 / **dưa bở**[즈어 버] 멜론 / **dâu**[져우] 딸기

Situation 25

길거리에서
길 물어보기

🎧 2_25.mp3

Do 현지인에게 길을 물어보거나 도움을 받은 뒤에는 꼭 감사 인사를 하세요.

Don't 휴대폰을 보면서 길을 걷지 마세요. 길에서 휴대폰을 봐야 할 경우, 주변에 오토바이가 없는지 확인하고 최대한 도로에서 떨어진 쪽으로 가서 이용하세요. 휴대폰을 소매치기 당할 수 있습니다.

현지에서 당신이 듣는 말 🎧	현지에서 당신이 하는 말 👄
	01 Xin lỗi, cho tôi hỏi siêu thị Coop ở đâu ạ? [신 로이, 쪼 또이 호이 시우 티 꿉 어 더우 아] 실례합니다, 꿉 마트가 어디 있는지 아시나요?
02 Xin lỗi, tôi không biết rõ lắm. [신 로이, 또이 콩 비엣 조 람] 죄송해요, 잘 모르겠어요.	
	01 Xin lỗi, cho tôi hỏi ở gần đây có siêu thị Coop không ạ? [신 로이, 쪼 또이 호이 어 건 더이 꼬 시우 티 꿉 콩 아] 죄송합니다, 혹시 근처에 꿉 마트가 어디 있는지 아시나요?
02 Đi thẳng đến đường Pasteur rồi rẽ phải là đến. [디 탕 덴 드엉 파스테르 조이 재 파이 라 덴] 여기서 직진하다가 파스테르 길에서 오른쪽으로 가면 있어요.	
03 Nhưng nếu đi bộ thì hơi xa nên đi bằng taxi thì tiện hơn. [늉 네우 디 보 티 허이 싸 넨 디 방 딱씨 티 띠엔 헌] 그런데 걸어가려면 좀 멀어서 택시를 타는 게 좋을 거예요.	
	04 Nếu đi bộ thì mất bao lâu ạ? [네우 디 보 티 멋 바오 러우 아] 걸어가면 얼마나 걸리나요?
05 Mất khoảng 20 phút đi bộ. [멋 코왕 하이 므어이 풋 디 보] 걸으면 20분은 걸려요.	
06 Trời nóng lắm nên chị hãy gọi Grab mà đi. [쩌이 농 람 넨 찌 해이 고이 그랩 마 디] 날씨가 더우니까 그랩을 불러 가세요.	**07** Vâng, tôi hiểu rồi. Cảm ơn ạ. [벙, 또이 히우 조이. 깜 언 아] 네 알겠습니다. 감사해요.

---

siêu thị [시우 티] 마트 / **rõ** [조] 명확히 / **đi thẳng** [디 탕] 직진하다 / **rẽ phải** [재 파이] 우회전 / **hơi** [허이] 약간 / **xa** [싸] 멀다

Situation 26

식당에서
커피 주문하기

🎧 2_26.mp3

Do — 베트남의 경우 카페에서 식사류를 파는 곳이 많으니, 주변에 식당이 없을 때는 카페에 들어가서 식사하는 방법도 있습니다.

Don't — 베트남 카페에서는 마시던 음료를 치우지 않아도 됩니다. 테이블에 그냥 두고 나가면 됩니다.

현지에서 당신이 듣는 말 👂 | 현지에서 당신이 하는 말 👄

01 Xin chào, chị muốn gọi gì ạ?
[신 짜오, 찌 무언 고이 지 아]
안녕하세요, 어떤 걸 주문하시겠어요?

02 Cho tôi 1 cốc cà phê dừa và 1 cốc cà phê lát te. [쪼 또이 못 꼭 까 페 즈어 바 못 꼭 까 페 라떼]
코코넛 커피 한 잔이랑 카페라테 한 잔 주세요.

03 Chị muốn dùng cà phê nóng hay lạnh ạ? [찌 무언 중 까 페 농 해이 라잉 아]
커피는 아이스로 드릴까요, 따뜻한 걸로 드릴까요?

04 Cả 2 cốc đều lạnh ạ.
[까 하이 꼭 데우 라잉 아]
둘 다 아이스요.

05 Có 2 size thường và lớn ạ.
[꼬 하이 사이 트엉 바 런 아]
사이즈는 미디움, 라지가 있습니다.

06 Cho tôi size thường.
[쪼 또이 사이 트엉]
미디움으로 주세요.

07 Cho tôi cả cái bánh này nữa.
[쪼 또이 까 까이 바잉 나이 느어]
이 케이크도 하나 주세요.

08 Vâng, tổng là 2 trăm 10 nghìn đồng ạ. [벙, 똥 라 하이 짬 므어이 응인 동 아] 네, 총 21만동입니다.

09 Ở tầng 2 có chỗ không ạ?
[어 떵 하이 꼬 쪼 콩 아]
2층에는 자리가 있나요?

10 Vâng, ở trên tầng 2 có chỗ trống ạ. [벙, 어 쩬 떵 하이 꼬 쪼 쫑 아]
네, 2층에 가시면 자리 있습니다.

11 Vâng, cảm ơn ạ. [벙, 깜 언 아]
네, 감사합니다.

---

nóng[농] 뜨거운 / lạnh[라잉] 차가운 / thường[트엉] 보통 / lớn[런] 큰

Situation 27

식당에서
식당에서 주문하기

🔊 2_27.mp3

Do 베트남 식당에서는 손님이 주문할 때까지 옆에서 기다리고 있는 경우가 있습니다. 빨리 주문하라고 압박하는 건 아니니 걱정하지 말고 느긋하게 주문하세요. 또한 아직 식사를 끝내지 않았는데 식사 중간에 그릇을 치워 주는 것 또한 베트남의 문화입니다.

Don't 길가에 의자를 두고 먹는 곳은 되도록 가지 마세요. 위생상 문이나 지붕이 있는 식당에서 식사하는 것이 좋습니다.

현지에서 당신이 듣는 말 👂 | 현지에서 당신이 하는 말 👄

01 Xin chào, chị đi mấy người ạ?
[신 짜오, 찌 디 머이 응어이 아]
안녕하세요, 몇 명이세요?

02 2 người ạ. [하이 응어이 아]
2명이요.

03 Mời đi theo lối này.
[머이 디 태오 로이 나이]
이쪽으로 오세요.

04 Cho tôi 1 bát phở bò và 1 bát phở gà. [쪼 또이 못 밧 퍼 버 바 못 밧 퍼 가]
소고기 쌀국수 하나, 닭고기 쌀국수 하나 주세요.

05 Chị dùng phở bò chín ạ?
[찌 중 퍼 버 찐 아]
쌀국수 고기 다 익은 걸로 드려요?

06 Vâng, cả 2 bát đều chín.
[벙, 까 하이 밧 데우 찐]
네, 둘 다 다 익은 걸로 주세요.

07 À, xin đừng cho rau mùi vào.
[아, 신 등 쪼 자우 무이 바오]
아, 그리고 고수는 빼 주세요.

08 Vâng, chị có dùng nước ngọt không ạ?
[벙, 찌 꼬 중 느억 응엇 콩 아]
네, 음료는 필요 없으신가요?

09 À cho tôi thêm 2 cốc Cô-ca cùng với đá.
[아 쪼 또이 템 하이 꼭 꼬 까 꿍 버이 다]
음… 콜라 두 잔 주세요. 얼음이랑요.

---

bò [버] 소 / **chín** [찐] 익은 / **rau mùi** [자우 무이] 고수

Situation 28

식당에서
식당 예약하기

 2_28.mp3

Do 베트남 여행의 큰 장점 중 하나는 세계 각국의 요리를 비교적 저렴하게 맛볼 수 있다는 점입니다. 베트남 전통 요리, 외국 요리, 퓨전 요리 등 베트남은 식도락의 나라라고 할 정도로 한국인들의 입맛에 맞는 맛있는 음식이 많으니 최대한 많이 먹어 보기를 추천합니다. 고급 레스토랑이나 백화점 안에 있는 음식점에서는 예약을 받기도 합니다.

현지에서 당신이 듣는 말 　　　현지에서 당신이 하는 말

01 Tôi muốn đặt 1 bàn vào 7 giờ tối nay.
[또이 무언 닷 못 반 바오 바이 져 또이 나이]
오늘 오후 7시로 테이블 하나 예약하고 싶어요.

02 Quý khách có mấy người ạ?
[뀌 카익 꼬 머이 응어이 아]
몇 명이신가요?

03 3 người ạ. [바 응어이 아]
3명이요.

04 Xin lỗi nhưng lúc 7 giờ thì không được và từ 8 giờ thì được ạ.
[신 로이 늉 룩 바이 져 티 콩 드억 바 뜨 땀 져 티 드억 아]
죄송합니다. 7시는 안 되고 8시부터 가능합니다.

05 Nếu vậy cho tôi đặt bàn lúc 8 giờ. [네우 버이 쪼 또이 닷 반 룩 땀 져]
그러면 8시로 예약해 주세요.

06 Vâng ạ. Xin hỏi tên quý khách là gì ạ? [벙 아. 신 호이 뗀 뀌 카익 라 지 아]
좋습니다. 성함은요?

07 Đặt bàn bằng tên Kim Hyeri giúp tôi ạ.
[닷 반 방 뗀 김 혜리 줍 또이 아]
김혜리로 예약해 주세요.

08 Quý khách có số điện thoại không ạ? Nếu không có thì có thể để lại địa chỉ email ạ. [뀌 카익 꼬 소 디엔 토와이 콩 아? 네우 콩 꼬 티 꼬 테 데 라이 디아 찌 이메일 아]
혹시 휴대폰 번호 있으신가요? 없으시면 이메일 주소를 여기 남겨 주세요.

đặt[닷] 예약하다 / **bàn**[반] 테이블 / **người**[응어이] 사람

Situation 29 식당에서
식사 중에

🎧 2_29.mp3

 Do 베트남은 날씨가 더워 식사 전이나 도중에도 물티슈가 필요한 경우가 많습니다. 식당에 비치되어 있는 물티슈는 대부분 유료이니 휴대용 물티슈를 가지고 다니면 유용하게 사용할 수 있습니다.

현지에서 당신이 듣는 말 🎧 | 현지에서 당신이 하는 말 👄

01 Nhà vệ sinh ở đâu ạ?
[냐 베 신 어 더우 아]
화장실이 어딘가요?

02 Ở trên tầng 2 ạ. [어 쩬 떵 하이 아]
2층으로 올라가세요.

01 Cho tôi thêm 1 cái thìa nữa.
[쪼 또이 템 못 까이 티아 느어]
숟가락 하나 더 주세요.

02 Dạ, hiểu rồi ạ. Đây ạ.
[자 히우 조이 아. 더이 아]
네, 알겠습니다. 여기요.

01 Đồ ăn còn thừa, chúng tôi có thể mang về được không?
[도 안 꼰 트어, 쭝 또이 꼬 테 망 베 드억 콩]
음식이 남았는데 포장 가능한가요?

02 Vâng, được ạ. [벙 드억 아]
네, 가능합니다.

03 Có thể gói lại trước giúp tôi được không?
[꼬 테 고이 라이 쯔억 줍 또이 드억 콩]
혹시 지금 미리 포장해 주실 수 있나요?

04 Vâng, chúng tôi sẽ gói lại ạ.
[벙, 쭝 또이 쌔 고이 라이 아]
네, 바로 해 드리겠습니다.

---

thìa[티아] 숟가락 / **mang về**[망 베] 테이크아웃 / **gói**[고이] 포장하다

Situation 30

식당에서
클레임 걸기

🎧 2_30.mp3

Do 직원을 부를 때는 여성 직원이면 Chị ơi[찌 어이], 남성 직원이면 Anh ơi[아잉 어이] 또는 성별에 상관없이 Em ơi[앰 어이]라고 부르면 됩니다. 또 중년의 여성 사장님을 부를 때는 Cô ơi[꼬 어이]라고 부르세요.

현지에서 당신이 듣는 말	현지에서 당신이 하는 말
	01 Anh ơi, đồ ăn chúng tôi đặt vẫn chưa ra. [아잉 어이, 도 안 쭘 또이 닷 번 쯔어 자] 저기요, 저희가 주문한 음식이 아직 안 나왔어요.
	02 Chúng tôi đã đợi 30 phút rồi. Khi nào mới có đồ ăn ạ? [쭘 또이 다 더이 바 므어이 풋 조이. 키 나오 머이 꼬 도 안 아] 기다린 지 30분 정도 된 것 같아요. 음식 언제 나오나요?
	03 Nếu đồ ăn vẫn chưa xong, chúng tôi muốn hủy đơn. [네우 도 안 번 쯔어 송, 쭘 또이 무언 휘 던] 음식 아직 안 됐으면, 취소할게요.
04 Xin lỗi quý khách, tôi sẽ kiểm tra ngay ạ. [신 로이 뀌 카익, 또이 쌔 끼엠 짜 응아이 아] 죄송합니다. 금방 확인해 보도록 하겠습니다.	
05 Đồ ăn sẽ có trong khoảng 5 phút nữa ạ. Thành thật xin lỗi quý khách. [도 안 쌔 꼬 쫑 코왕 남 풋 느어 아. 타잉 텃 신 로이 뀌 카익] 5분 안에 음식이 나올 수 있다고 합니다. 죄송합니다.	**06** Không sao. Chúng tôi sẽ đợi. [콩 사오. 쭘 또이 쌔 더이] 괜찮습니다. 기다릴게요.

vẫn[번] 아직 / **hủy**[휘] 취소하다

Situation 31 - 식당에서
계산하기

Do — 베트남은 식당 대부분에 계산대가 따로 없습니다. 따라서 식사를 마친 후 계산을 원하면 직원을 불러 Tính tiền.[띤 띠엔](계산이요.)이라고 말하면 직원이 주문서를 가져다줍니다. 금액을 확인하고 주문서와 함께 현금을 직원에게 건네면 거스름돈을 가져다주는 방식입니다. 식당에 비치된 물티슈나 음식은 유료인 경우가 많으니 확인이 필요합니다.

Don't — 베트남에는 따로 팁 문화가 없으니 팁을 남기지 마세요.

현지에서 당신이 듣는 말 | 현지에서 당신이 하는 말

01 Anh ơi thanh toán ạ.
[아잉 어이 타잉 또안 아]
계산이요.

02 Vâng, đây rồi ạ. [벙, 더이 조이 아]
네, 여기 있습니다.

03 Quý khách thanh toán bằng tiền mặt hay thẻ ạ?
[뀌 카익 타잉 또안 방 띠엔 맛 해이 태 아]
카드로 하시겠어요, 현금으로 하시겠어요?

04 Tôi sẽ thanh toán bằng tiền mặt.
[또이 쌔 타잉 또안 방 띠엔 맛]
현금으로 할게요.

05 Quý khách có thể đưa tôi tờ 50 nghìn đồng được không ạ? Vì hiện tại thì đang thiếu tiền lẻ ạ.
[뀌 카익 꼬 테 드어 또이 떠 남 므어이 응인 동 드억 콩 아? 비 히엔 따이 티 당 티우 띠엔 래 아] 혹시 5만동짜리로 주실 수 있으신가요? 지금 거스름돈이 부족해서요.

06 Vâng, đây ạ. [벙, 더이 아]
네, 여기요.

07 Vâng, cảm ơn ạ. Quý khách có cần hóa đơn không ạ?
[벙, 깜 언 아. 뀌 카익 꼬 껀 화 던 콩 아]
네, 감사합니다. 영수증 필요하신가요?

08 Vâng, cho tôi hóa đơn.
[벙, 쪼 또이 화 던]
네, 영수증도 같이 주세요.

đưa[드어] 주다 / **thiếu**[티우] 부족하다 / **tiền lẻ**[띠엔 래] 거스름돈

Situation 32 — 식당에서
패스트푸드점에서

🎧 2_32.mp3

Do 베트남은 패스트푸드점이라도 주문을 하고 기다리면 직원이 음식을 테이블까지 가져다주는 경우가 많습니다. 패스트푸드점에서 밥 메뉴를 팔기도 하니 여행 중 밥이 먹고 싶다면 패스트푸드점을 이용해 보세요.

현지에서 당신이 듣는 말 / 현지에서 당신이 하는 말

01 Xin chào, xin cho tôi set burger gà. [신 짜오, 신 쪼 또이 셋 버거 가]
안녕하세요, 치킨 버거 세트 주세요.

02 Vâng, chị dùng đồ uống gì ạ? [벙, 찌 중 도 우옹 지 아]
네, 음료는 어떤 걸로 하시겠어요?

03 Cho tôi nước sprite. [쪼 또이 느억 스프라잇]
스프라이트로 주세요.

04 À và thêm 1 suất 10 miếng gà nữa ạ. [아 바 템 못 쑤엇 므어이 미엥 가 느어 아]
아, 그리고 치킨 10조각짜리도 하나 주세요.

05 Chị dùng loại cay hay không cay ạ? [찌 중 로와이 까이 해이 콩 까이 아]
매운 게 있고 맵지 않은 게 있는데 어떤 걸로 하시겠어요?

06 Cho tôi loại không cay. [쪼 또이 로와이 콩 까이]
안 매운 걸로 주세요.

07 Chị ăn ở đây hay đem về ạ? [찌 안 어 더이 해이 댐 베 아]
드시고 가시나요, 포장하시나요?

08 Cho tôi đem về. [쪼 또이 댐 베]
포장할게요.

09 Tổng là 1 trăm 80 nghìn đồng ạ. Cần đợi khoảng 10 phút. Chị vui lòng đợi ở phía này ạ. [똥 라 못 짬 땀 므어이 응인 동 아. 껀 더이 코왕 므어이 풋. 찌 부이 롱 더이 어 피아 나이 아]
총 18만동입니다. 약 10분 정도 걸립니다. 이쪽에서 기다려 주세요.

---

burger gà [버거 가] 치킨 버거 / **miếng** [미엥] 조각 / **cay** [까이] 매운 / **đem về** [댐 베] 포장

Situation 33 쇼핑에서 매장 위치 물어보기

🔊 2_33.mp3

Do 백화점 내에는 대형 마트, 서점 등이 있어 필요한 생필품을 모두 살 수 있으니 근처에 슈퍼가 없거나 급한 경우 백화점을 이용해 보세요. 쇼핑센터나 마트에 가기 전 구글 지도에서 세부 정보를 확인하고 가는 것도 좋습니다.

현지에서 당신이 듣는 말 👂 | 현지에서 당신이 하는 말 👄

01 Xin lỗi cho hỏi quần áo nữ ở đâu ạ? [신 로이 쪼 호이 꿘 아우 느 어 더우 아]
실례합니다, 여성 옷 매장은 어디 있나요?

02 Quần áo nữ ở trên tầng 3 ạ. [꿘 아오 느 어 쩬 떵 바 아]
여성 옷 매장은 3층에 있습니다.

03 Quần áo nam có thể mua ở đâu ạ? [꿘 아오 남 꼬 테 무어 어 더우 아]
남성복은 어디서 구입할 수 있나요?

04 Quần áo nam ở trên tầng 5 ạ. [꿘 아오 남 어 쩬 떵 남 아]
남성복 매장은 5층에 있습니다.

05 Xin cảm ơn. À, vậy ở đây có rạp chiếu phim không ạ? [신 깜 언. 아 버이 어 더이 꼬 잡 찌우 핌 콩 아]
감사합니다. 아~ 혹시 이 백화점에 영화관이 있나요?

06 Vâng, CGV và phòng game ở tầng 6 ạ. [벙, 씨지비 바 퐁 게임 어 떵 사우 아]
네, 6층에 CGV랑 오락실이 있어요.

07 Ở dưới tầng hầm có siêu thị và khu đồ ăn nên có thể mua đồ ăn ở đó. [어 즈어이 떵 험 꼬 시우 티 바 쿠 도 안 넨 꼬 테 무어 도 안 어 도]
지하에는 식료품을 구입할 수 있는 마트와 푸드코트가 있습니다.

08 Đây là sơ đồ của trung tâm mua sắm ạ. [더이 라 서 도 꾸아 쭝 떰 무어 삼 아]
여기 백화점 약도를 드릴게요.

09 Vâng, xin cảm ơn. [벙, 신 깜 언]
아, 감사합니다.

---

rạp chiếu phim [잡 찌우 핌] 영화관 / **dưới** [즈어이] 아래 / **tầng hầm** [떵 험] 지하 / **khu đồ ăn** [쿠 도 안] 푸드코트 / **sơ đồ** [서 도] 약도

Situation 34 쇼핑에서 옷 사기

🎧 2_34.mp3

Do 영수증을 정확히 받을 수 있는 곳 외에 길가나 시장에서 구입한 물건은 교환이나 환불이 힘듭니다. 또한 특정 물건들은 교환이나 환불이 안 될 수도 있으니 구입 전에 교환이나 환불이 가능한지 물어보고 구입하세요.

현지에서 당신이 듣는 말	현지에서 당신이 하는 말
	01 Xin chào, chiếc váy này có size M không ạ? [신 짜오, 찌엑 바이 나이 꼬 사이 머 콩 아] 안녕하세요, 이 치마 M 사이즈로 있나요?
02 Xin đợi một chút, tôi sẽ kiểm tra ngay ạ. [신 더이 못 쭛, 또이 쌔 끼엠 짜 응아이 아] 잠시만요, 확인해 보겠습니다.	
03 Xin lỗi, không còn ạ. Chỉ còn size M của màu khác. Chị muốn xem thử không ạ? [신 로이, 콩 꼰 아. 찌 꼰 사이 머 꾸아 머우 칵. 찌 무언 쌤 트 콩 아] 죄송합니다, 남아 있지 않네요. 대신 M 사이즈로 다른 색상은 있어요. 가져다 드릴까요?	
	04 Vâng, cho tôi xem thử ạ. [벙, 쪼 또이 쌤 트 아] 네, 다 가져와 주세요.
05 Chị có thể thử đồ ở phía đằng kia ạ. [찌 꼬 테 트 도 어 피아 당 끼아 아] 여기요, 저쪽 끝에서 입어 보실 수 있어요.	
06 Thế nào ạ? Được không ạ? [테 나오 아? 드억 콩 아] 어떠세요? 괜찮으세요?	07 Có vẻ không hợp với tôi lắm. Để tôi xem mấy cái khác. [꼬 배 콩 헙 버이 또이 람. 데 또이 쌤 머이 까이 칵] 음 … 저한테 좀 안 어울리네요. 다른 옷을 구경할게요.

váy [바이] 치마

Situation 35

쇼핑에서
시장에서 흥정하기

🔊 2_35.mp3

Do 베트남은 도시마다 크고 작은 시장이 많습니다. 또한 밤에만 열리는 야시장은 달랏과 다낭의 필수 코스 중 하나죠. 시장은 정찰제인 백화점이나 슈퍼마켓과 달리 흥정이 가능하니 흥정의 재미를 느끼고 싶다면 시장을 방문하는 것도 좋습니다.

Don't 무리한 흥정은 좋지 않습니다. 물건에 비해 가격이 너무 비싸다면 과감히 포기하세요.

현지에서 당신이 듣는 말	현지에서 당신이 하는 말
	01 Cái này bao nhiêu tiền? [까이 나이 바오 니우 띠엔] 이거 얼마예요?
02 2 trăm nghìn đồng ạ. [하이 짬 응인 동 아] 20만동이에요.	
	03 Đắt quá, bớt tí đi ạ. [닷 꽈, 벗 띠 디 아] 너무 비싸요. 깎아 주세요.
04 Không được ạ. [콩 드억 아] 안 돼요.	
	05 1 trăm nghìn đồng được không? [못 짬 응인 동 드억 콩] 10만동에 주세요.
06 Không được ạ. 1 trăm nghìn đồng thì tôi không có lãi. [콩 드억 아. 못 짬 응인 동 티 또이 콩 꼬 라이] 말도 안 돼요. 10만동이면 남는 것도 없어요.	
	07 Vậy để tôi đi quán khác. [버이 데 또이 디 꽌 칵] 그럼 다른 가게로 갈게요.
08 Đợi đã, 1 trăm 30 nghìn đồng được không ạ? [더이 다, 못 짬 바 므어이 응인 동 드억 콩 아] 잠깐만요, 13만동은 어떠세요.	
	09 1 trăm 20 nghìn đồng. [못 짬 하이 므어이 응인 동] 12만동에 해 주세요.
10 Được rồi ạ. [드억 조이 아] 알겠어요.	
	11 Cảm ơn. [깜 언] 감사합니다.

---

có lãi[꼬 라이] 돈이 남다, 득 보다 / **bớt**[벗] 줄이다, 깎다 / **quán**[꽌] 가게 / **khác**[칵] 다른

Situation 36 쇼핑에서

신발 구입하기

Do — 옷을 입어 보거나 신발을 신어 보고 구입하고 싶을 때는 반드시 미리 물어보세요. 옷은 Mặc thử được không?[막 트 드억 콩](입어 봐도 될까요?), 신발은 Đi thử được không?[디 트 드억 콩](신어 봐도 될까요?)라고 말해 보세요.

현지에서 당신이 듣는 말	현지에서 당신이 하는 말

01 Xin chào. [신 짜오]
안녕하세요.

02 Xin chào, ở đây có dép không ạ?
[신 짜오, 어 더이 꼬 잽 콩 아]
안녕하세요, 슬리퍼 있나요?

03 Vâng, có ạ. Chị có thể xem ở đây.
[벙, 꼬 아. 찌 꼬 테 쌤 어 더이]
네, 여기 있어요. 한 번 보세요.

04 Cái này có size 230 không ạ?
[까이 나이 꼬 사이 하이 바 므어이 콩 아]
이거 사이즈 230mm 있나요?

05 Xin đợi chút. À size đó bán hết rồi ạ. [신 더이 쭛. 아 사이 도 반 헷 조이 아]
잠시만요, 아 그 사이즈가 다 나갔네요.

06 Thế còn đôi đen này còn size 230 không ạ? [테 꼰 도이 댄 나이 꼰 사이 하이 바 므어이 콩 아]
그럼 이 검은색 신발은 230mm 있나요?

07 Có ạ. Chị có lấy không ạ?
[꼬 아. 찌 꼬 러이 콩 아]
있어요. 드릴까요?

08 Tôi đi thử được không ạ?
[또이 디 트 드억 콩 아]
네, 신어 봐도 되죠?

09 Vâng, chị thử ở đây đi ạ.
[벙, 찌 트 어 더이 디 아]
네. 여기서 신어 보세요.

10 Ừm … hơi khít chân …. Cho tôi size 235 ạ. [음 허이 킷 쩐. 쪼 또이 사이 하이 바 람 아]
음~ 조금 꽉 끼네요 …. 235mm로 주세요.

---

dép[잽] 슬리퍼 / **bán hết**[반 헷] 다 팔리다, 품절되다 / **khít**[킷] 틈이 없는, 꽉 끼는

Situation 37

쇼핑에서

아오자이 맞추기

 2_37.mp3

Do 베트남에 여행을 가면 많은 분들이 아오자이를 맞추는데요. 구매하러 가기 전에 미리 원하는 디자인을 정해 그것을 보여 주며 가게를 찾는 것도 좋습니다. 아오자이의 가격은 원단과 자수 등에 따라 달라지며 가격은 약간의 흥정이 가능합니다.

현지에서 당신이 듣는 말	현지에서 당신이 하는 말
	01 Xin chào, tôi muốn đặt may áo dài ạ. [신 짜오, 또이 무언 닷 마이 아오 자이 아] 안녕하세요, 아오자이를 맞추고 싶어요.
02 Chị hãy chọn loại vải và kiểu mẫu mong muốn đi ạ. [찌 해이 쫀 로와이 바이 바 끼우 머우 몽 무언 디 아] 여기서 원하는 천과 디자인을 골라 주세요.	
	03 Tôi chọn cái này. [또이 쫀 까이 나이] 이걸로 할게요.
04 Xin hãy đứng vào đây để lấy số đo ạ. Và hãy mặc cái quần này vào ạ. [신 해이 등 바오 더이 데 러이 소 더 아. 바 해이 막 까이 꿘 나이 바오 아] 여기 서 주세요, 치수를 잴게요. 그리고 이 바지도 입어 주세요.	
05 Xong rồi ạ. Mất khoảng 6 giờ để hoàn thành nên chị vui lòng quay lại lúc 5 giờ chiều ạ. [송 조이 아. 멋 코왕 사우 져 데 호완 타잉 넨 찌 부이 롱 꿰이 라이 룩 남 져 찌우 아] 다됐습니다. 아오자이를 만드는 데 약 6시간이 걸리니 이따 오후 5시쯤에 찾으러 오시면 됩니다.	**06** Lát nữa tôi sẽ đến lấy. Hết bao nhiêu tiền ạ? [랏 느어 또이 쌔 덴 러이. 헷 바오 니우 띠엔 아] 이따 찾으러 올게요. 가격은 얼마인가요?

110

Situation 38

쇼핑에서
과일 가게에서

🎧 2_38.mp3

Do 베트남은 더운 기후로 인해 한국에는 잘 볼 수 없는 과일이 많습니다. 대형 마트는 과일 값이 조금 비싼 경우가 있으므로 숙소 근처의 과일 가게나 시장을 이용해 보세요.

Don't 한국에서 잘 볼 수 없는 과일이라고 해서 가공하지 않은 농산물을 가지고 들어오면 안 됩니다. 반입 금지 물품 중 하나이기 때문에 가져온 경우 검역에 신고하여야 합니다.

현지에서 당신이 듣는 말 🎧	현지에서 당신이 하는 말 👄
	01 Cho tôi 1 cân xoài và 1 quả sầu riêng. [쪼 또이 못 껀 쏘아이 바 못 꽈 써우 지엥] 망고 1킬로그램이랑 두리안 하나 주세요.
02 Còn gì nữa không ạ? [꼰 지 느어 콩 아] 더 원하시는 건 없나요?	
	03 Tôi muốn ăn loại quả chỉ có ở Việt Nam. Có thể giới thiệu cho tôi mấy loại được không ạ? [또이 무언 안 로와이 꽈 찌 꼬 어 비엣 남. 꼬 테 져이 티우 쪼 또이 머이 로와이 드억 콩 아] 베트남에만 있는 과일을 먹어 보고 싶은데 추천해 주세요.
04 Đây là quả chôm chôm. Chị có thể ăn thử. Ngon lắm ạ. [더이 라 꽈 쫌 쫌. 찌 꼬 테 안 트. 응온 람 아] 이건 쫌쫌이라는 베트남 과일인데 한 번 드셔 보세요. 아주 맛있어요.	
	05 Vậy ạ? Vậy cho tôi 6 quả chôm chôm. [버이 아? 버이 쪼 또이 사우 꽈 쫌 쫌] 아 그래요? 그럼 쫌쫌도 6개만 주세요.
	06 Cho tôi thêm 1 cái túi bóng được không ạ? [쪼 또이 템 못 까이 뚜이 봉 드억 콩 아] 혹시 비닐봉지 하나만 더 주실 수 있으신가요?

xoài [쏘아이] 망고 / **sầu riêng** [써우 지엥] 두리안

Situation 39 쇼핑에서

특정 물건을 사려고 할 때

🎧 2_39.mp3

Do 꼭 사고 싶은 물건이 있다면 사진을 직원에게 보여 주면 편리한 쇼핑을 할 수 있습니다.

현지에서 당신이 듣는 말 🎧	현지에서 당신이 하는 말 👄

01 Anh ơi, ở đây có mì tôm Việt Nam không ạ?
[아잉 어이, 어 더이 꼬 미 똠 비엣 남 콩 아]
저기요, 베트남 라면은 어디 있나요?

02 Mỳ tôm ở đằng kia ạ. Xin đi lối này ạ. Đây là tất cả các loại mỳ. Chị muốn tìm loại mỳ nào ạ?
[미 똠 어 당 끼아 아. 신 디 로이 나이 아. 더이 라 떳 까 깍 로와이 미. 찌 무언 띰 로와이 미 나오 아]
라면은 저쪽에 있어요. 이쪽으로 오세요. 이게 전부입니다. 특별히 찾으시는 라면이 있나요?

03 Bạn tôi nhờ mua mỳ Hảo Hảo.
[반 또이 녀 무어 미 하오 하오]
친구가 하오하오 라면을 사 오라고 했어요.

04 Từ đây đến đây tất cả là mỳ Hảo Hảo ạ.
[뜨 더이 덴 더이 떳 까 라 미 하오 하오 아]
여기서부터 여기까지가 다 하오하오 라면입니다.

05 Loại nào được yêu thích nhiều nhất ạ?
[로와이 나오 드억 이우 틱 니우 녓 아]
뭐가 제일 인기가 많죠?

06 Loại màu hồng này được yêu thích nhất ạ.
[로와이 머우 홍 나이 드억 이우 틱 녓 아]
이 핑크색이 제일 인기가 많아요.

07 Cảm ơn ạ. À, cà phê G7 ở hướng nào ạ?
[깜 언 아. 아 까 페 거 바이 어 흐엉 나오 아]
감사합니다, 혹시 G7 커피는 어느 쪽에 있나요?

08 Ở tầng 1 có nhiều loại cà phê lắm ạ.
[어 떵 못 꼬 니우 로와이 까 페 람 아]
커피는 1층에 올라가시면 많이 있습니다.

---

mì tôm [미 똠] 라면 / **được yêu thích** [드억 이우 틱] 가장 사랑 받는

Situation 40

관광지에서

여행사에서 투어 예약하기

 2_40.mp3

Do 여행자 거리에 가면 크고 작은 현지 여행사가 많습니다. 또는 머무르고 있는 호텔에서 연계하여 제공하는 투어도 많이 있습니다. 다양한 패키지 상품이 있으니 무엇을 해야 할지 모를 때 방문해서 이용해 보는 것도 좋습니다.

Don't 현지 여행사를 이용할 때, 유령 여행사는 절대 이용하지 마세요. 후기를 잘 확인하여 믿을 만한 곳에서 예약하고 이용해야 금전 피해를 피할 수 있습니다.

현지에서 당신이 듣는 말　　　　　　**현지에서 당신이 하는 말**

01 Xin chào, tôi muốn đặt tour đi sông Mê kông.
[신 짜오, 또이 무언 닷 투어 디 쏭 메 콩]
안녕하세요, 메콩강 투어를 예약하고 싶어요.

02 Chị có mấy người ạ?
[찌 꼬 머이 응어이 아]
몇 명이신가요?

03 2 người ạ. Tour bao gồm những gì ạ?
[하이 응어이 아. 투어 바오 곰 늉 지 아]
2명이요. 투어에는 어떤 게 포함돼 있죠?

04 Khoảng 8 giờ sáng sẽ khởi hành và khi đến sông Mê Kông thì sẽ có tour đi thuyền. Có bao gồm ăn trưa, tour đi xe ngựa và buổi biểu diễn v.v..
[코왕 땀 져 상 쌔 커이 하잉 바 키 덴 쏭 메 콩 티 쌔 꼬 투어 디 투이엔. 꼬 바오 곰 안 쯔어, 투어 디 쌔 응어아 바 부이 비우 지엔 번번]
아침 8시 정도에 출발해서 메콩강에 도착하면 배를 타는 투어가 있습니다. 점심 식사가 포함되어 있고 마차 투어와 공연 등이 포함되어 있습니다.

06 Vâng, cho tôi đặt tour cho 2 người.
[벙, 쪼 또이 닷 투어 쪼 하이 응어이]
네 알겠습니다. 내일로 두 명 예약할게요.

06 Tour sẽ kết thúc vào lúc 5 giờ chiều. Giá tour là 2 trăm 50 nghìn đồng 1 người.
[투어 쌔 껫 툭 바오 룩 남 져 찌우. 지아 투어 라 하이 짬 남 므어이 응인 동 못 응어이]
투어는 오후 5시에 끝납니다. 가격은 한 사람에 25만동입니다.

---

thuyền[투이엔] 배 / **ngựa**[응어아] 말 / **buổi biểu diễn**[부이 비우 지엔] 공연

Situation 41 관광지에서
우체국에서 편지·소포 보내기

Do 여행 중 특별한 추억을 위해 한국에 있는 가족과 친구들에게 엽서나 편지를 보내 보세요.

Don't 소포나 편지를 보내는 방법은 똑같지 않습니다. 우체국마다 다를 수 있습니다. 보내기 전에 반드시 금액과 절차를 확인하세요.

현지에서 당신이 듣는 말	현지에서 당신이 하는 말
	01 Tôi muốn gửi thư đi Hàn Quốc. [또이 무언 그이 트 디 한 꿕] 한국으로 이 편지를 보내고 싶어요.
02 Chị phải mua tem trước ạ. [찌 파이 무어 땜 쯔억 아] 우표는 이쪽에서 먼저 구입해 주세요.	
	03 Tôi mua rồi ạ. Giờ phải làm thế nào ạ? [또이 무어 조이 아. 져 파이 람 테 나오 아] 구입했어요. 이제 어떻게 하면 되나요?
04 Dịch vụ đảm bảo là loại mất thời gian nhiều hơn dịch vụ thường nhưng đảm bảo không thất lạc đồ. Dịch vụ thường là loại rẻ hơn nhưng có thể thất lạc đồ đạc. [직 부 담 바오 라 로와이 멋 터이 지안 니우 헌 직 부 트엉 늉 담 바오 콩 텃 락 도. 직 부 트엉 라 로와이 재 헌 늉 꼬 테 텃 락 도 닥] 등기는 보통보다 도착하는 데 더 걸리지만 분실되지 않습니다. 보통은 등기보다 싸지만 중간에 분실될 수도 있어요.	
	05 Vậy cho tôi loại dịch vụ đảm bảo. [버이 쪼 또이 로와이 직 부 담 바오] 그럼 등기로 보낼게요.
06 Được ạ. Xin hãy điền địa chỉ một cách chính xác bằng tiếng Anh và điền vào tờ này ạ. [드억 아. 신 해이 디엔 디아 찌 못 까익 찐 삭 방 띠엥 아잉 바 디엔 바오 떠 나이 아] 좋습니다. 주소를 정확하게 영문으로 쓰시고 이 용지를 기입해 주세요.	

Situation 42

관광지에서
박물관 · 관광지에서

🎧 2_42.mp3

Do 박물관, 관광지의 운영 시간은 계절별, 월별 변동이 심한 편입니다. 방문하기 전에 미리 사이트나 관광 안내소에서 확인하고 나서 방문하는 것이 좋습니다. 사진 촬영을 할 경우 사진 촬영 가능 여부를 미리 물어보세요.

현지에서 당신이 듣는 말   현지에서 당신이 하는 말

01 Xin chào, cho hỏi học sinh có được giảm giá không ạ? [신 짜오, 쪼 호이 혹 신 꼬 드억 쟘 지아 콩 아]
안녕하세요, 학생들에게는 할인을 해 주나요?

02 Có 2 loại vé cho người lớn và trẻ em dưới 10 tuổi ạ. [꼬 하이 로와이 배 쪼 응어이 런 바 째 앰 즈어이 므어이 뚜어이 아]
표는 성인과 10살 미만의 어린이 두 가지로 나누어져 있습니다.

03 Nhưng khoảng 1 tiếng nữa chúng tôi sẽ đóng cửa ạ. [늉 코왕 못 띠엥 느어 쭝 또이 쌔 동 끄어 아]
그런데 저희 1시간 후에 닫으려고 하는데요.

04 Sao thế? Không phải là mở đến 6 giờ ạ? [사오 테? 콩 파이 라 머 덴 사우 져 아]
왜요? 6시까지 아닌가요?

05 Chúng tôi chỉ mở cửa đến 6 giờ vào tháng 2 và từ tháng 3 sẽ đóng cửa lúc 5 giờ ạ. [쭝 또이 찌 머 끄어 덴 사우 져 바오 탕 하이 바 뜨 탕 바 쌔 동 끄어 룩 남 져 아]
2월까지만 6시까지 운영이고 3월부터는 5시에 문을 닫습니다.

...

01 Tôi có thể chụp ảnh bên trong bảo tàng được không? [또이 꼬 테 쭙 아잉 벤 쫑 바오 땅 드억 콩]
박물관 내부에서 사진 촬영 가능한가요?

02 Vâng, được ạ. [벙, 드억 아]
네, 가능합니다.

---

tham quan [탐 꽌] 관람하다

Situation 43

관광지에서
사진 촬영 요청하기

🎧 2_43.mp3

Do 액션캠이나 셀카봉은 다른 관광객에게 불쾌감이나 피해를 줄 수 있습니다. 촬영이나 이동할 때 주의해야 합니다.

현지에서 당신이 듣는 말 🎧 | 현지에서 당신이 하는 말 👄

01 Xin lỗi, có thể chụp hộ chúng tôi 1 kiểu ảnh được không ạ? [신 로이 꼬 테 쭙 호 쭝 또이 못 끼우 아잉 드윽 콩 아]
죄송하지만 저희 사진 한 장만 찍어 주실 수 있을까요?

02 Vâng, chị muốn chụp thế nào ạ? [벙, 찌 무언 쭙 테 나오 아]
네, 어떻게 찍어 드릴까요?

03 Xin hãy chụp ngang và chụp cho tòa nhà phía sau tôi trông nổi bật nhé. [신 해이 쭙 응앙 바 쭙 쪼 또와 냐 피아 사우 또이 쫑 노이 벗 녜]
저 뒤의 건물이 잘 나오게 가로로 찍어 주세요.

04 Vâng, được rồi. 1, 2, 3. [벙, 드윽 조이. 못 하이 바]
네, 알겠습니다. 하나, 둘, 셋!

05 Xin cảm ơn. [신 깜 언]
감사합니다.

06 Chị có thể chụp giúp chúng tôi được không? [찌 꼬 테 쭙 즙 쭝 또이 드윽 콩]
혹시 저희 사진도 좀 찍어 주실 수 있나요?

07 Đương nhiên rồi. 1, 2, 3. [드엉 니엔 조이. 못 하이 바]
당연하죠. 하나, 둘, 셋!

08 Xin hãy xem lại ảnh đi ạ. [신 해이 쌤 라이 아잉 디 아]
사진 한 번 확인해 보세요.

---

ngang[응앙] 가로 / **tòa nhà**[또와 냐] 건물 / **nổi bật**[노이 벗] 눈에 띄다

Situation 44 — 관광지에서 마사지 받을 때

🎧 2_44.mp3

Do 여행자 거리나 시장 근처에 마사지나 네일을 받을 수 있는 곳이 많습니다. 대부분 가게에는 가격표가 있으니 미리 가격을 확인하고 마사지를 받을 수 있습니다. 서비스를 추가할 때마다 가격을 반드시 확인하세요.

현지에서 당신이 듣는 말

현지에서 당신이 하는 말

01 Xin chào, xin hỏi ở đây có những loại mát-xa nào? [신 짜오, 신 호이 어 더이 꼬 늉 로와이 맛사 나오]
안녕하세요, 어떤 마사지 코스가 있나요?

02 Xin hãy tham khảo quyển sách này. Ở spa chúng tôi mát-xa chân và toàn thân là tiêu biểu nhất ạ. [신 해이 탐 카오 꾸엔 싸익 나이. 어 스파 쭝 또이 맛사 쩐 바 또안 턴 라 띠우 비우 녓 아]
이 책자를 참고해 주세요. 저희 스파의 가장 대표적인 마사지는 발 마사지와 전신 마사지입니다.

03 Tôi muốn mát-xa toàn thân. Mất khoảng mấy tiếng ạ? [또이 무언 맛사 또안 턴. 멋 코왕 머이 띠엥 아]
전신 마사지를 받고 싶어요. 총 소요 시간이 얼마나 되죠?

04 Mát-xa toàn thân sẽ được làm trong 1 tiếng. [맛사 또안 턴 쌔 드억 람 쫑 못 띠엥]
전신 마사지는 기본적으로 1시간 코스입니다.

05 Vâng, nếu vậy cho tôi dịch vụ mát-xa toàn thân, spa và chăm sóc da mặt. [벙, 네우 버이 쪼 또이 직 부 맛사 또안 턴, 스파 바 짬 속 자 맛]
네, 그럼 전신 마사지, 스파 그리고 얼굴 피부 관리까지 함께 받을게요.

06 Vâng. Mời chị đi lối này thay áo ạ. [벙. 머이 찌 디 로이 나이 타이 아오 아]
네, 알겠습니다. 저쪽 탈의실에서 옷을 갈아입고 나와 주세요.

---

mát-xa chân[맛사 쩐] 발 마사지 / **toàn thân**[또안 턴] 전신 / **chăm sóc**[짬 속] 관리하다 / **da mặt**[자 맛] 얼굴 피부

Situation 45 — 관광지에서 입장권 구입하기

🔊 2_45.mp3

Do 입장권으로 관람 가능한 범위를 확인하고 구입하세요.

Don't 관광지를 나올 때까지 입장권을 버리지 마세요. 끝까지 잘 보관하세요.

현지에서 당신이 듣는 말 🔊	현지에서 당신이 하는 말 👄
02 Đây là nơi ra vào tự do nên không cần mua vé ạ. [더이 라 너이 자 바오 뜨 죠 넨 콩 껀 무어 배 아] 여기는 무료 입장이라서 표를 사실 필요가 없습니다.	**01** Nơi bán vé ở đâu ạ? [너이 반 배 어 더우 아] 매표소가 어디예요?
02 3 trăm nghìn đồng 1 người và dưới 6 tuổi là miễn phí ạ. [바 짬 응인 동 못 응어이 바 즈어이 사우 뚜어이 라 미엔 피 아] 한 사람에 30만동이고 6살 이하는 무료입니다.	**01** 1 vé bao nhiêu tiền ạ? [못 배 바오 니우 띠엔 아] 입장권이 얼마예요?
04 Vâng, ở đây có sách tiếng Hàn, tiếng Anh và tiếng Nhật ạ. [벙, 어 더이 꼬 싸익 띠엥 한, 띠엥 아잉 바 띠엥 녓 아] 네, 여기 한국어, 영어, 일본어 책자가 있어요.	**03** Cho tôi 2 vé người lớn và 1 vé trẻ em. Có sách hướng dẫn tiếng Hàn không ạ? [쭈 또이 하이 배 응으이 런 바 못 배 째 앰. 꼬 싸익 흐엉 전 띠엥 한 콩 아] 성인 둘, 어린이 하나입니다. 한국어로 된 안내 책자가 있나요?
05 Ở bên trong có khu vực kiểm tra vé nên đừng vứt vé đi ạ. [어 벤 쫑 꼬 쿠 븍 끼엠 짜 배 넨 등 븟 배 디 아] 중간에 표를 확인하는 구간이 있으니 표를 버리지 마세요.	**06** Vâng, tôi hiểu rồi ạ. [벙, 또이 히우 조이 아] 네, 알겠습니다.

---

tự do [뜨 죠] 자유 / **miễn phí** [미엔 피] 무료의 / **sách hướng dẫn** [싸익 흐엉 전] 안내 책자 / **vứt đi** [븟 디] 버리다 / **vé** [배] 표, 티켓

Situation 46

관광지에서
장비 대여하기

 2_46.mp3

Do 장비를 대여할 때는 대여 시간과 대여 종료 시간을 잘 확인하고 가능하면 대여 확인증을 받으세요.

Don't 대여 시간을 넘기지 마세요. 또한 장비를 훼손하거나 분실하지 않도록 유의하세요.

현지에서 당신이 듣는 말	현지에서 당신이 하는 말

01 Xin chào. [신 짜오]
안녕하세요.

02 Xin chào. Tôi muốn thuê 2 chiếc xe đạp.
[신 짜오. 또이 무언 퉤 하이 찌엑 쌔 답]
안녕하세요. 자전거 두 대를 빌리고 싶어요.

03 1 lần thuê có thể đi được trong 2 tiếng là 1 trăm nghìn đồng ạ.
[못 런 퉤 꼬 테 디 드억 쫑 하이 띠엥 라 못 짬 응인 동 아]
한 번 빌리면 2시간 타실 수 있고 10만동입니다.

04 Tên chị là gì ạ? [뗀 찌 라 지 아]
성함이 어떻게 되시죠?

05 Tôi là Kim Hyeri. [또이 라 김 혜리]
김혜리입니다.

06 Chị Kim Hyeri, thuê 2 xe đạp là 2 trăm nghìn và trước 3 giờ 10 phút quay lại là được ạ. [찌 김 혜 리, 퉤 하이 쌔 답 라 하이 짬 응인 바 쯔억 바 져 므어이 풋 꿰이 라이 라 드억 아]
김혜리 씨. 자전거 두 대 20만동이고 3시 10분까지 오시면 됩니다.

07 2 trăm nghìn đây ạ.
[하이 짬 응인 더이 아]
20만동 여기 있습니다.

Situation 47 — 위급상황에서 병원에서

🎧 2_47.mp3

Don't 여행 중에 몸이 아프거나 다쳤을 경우 보험에 가입되어 있어도 현지에서 바로 혜택을 받을 수는 없습니다. 일단 병원에서 치료를 받은 후 진단서와 영수증을 챙겨야 합니다. 귀국해서 보험사에 청구하면 심사 절차를 거쳐서 보상을 받을 수 있습니다.

현지에서 당신이 듣는 말 🎧 | 현지에서 당신이 하는 말 👄

01 Xin mời vào ạ. Mời ngồi. Có chuyện gì thế ạ? [신 머이 바오 아. 머이 응오이. 꼬 쭈엔 지 테 아]
들어오세요. 자리에 앉아 주세요. 무슨 일인지 말씀해 주세요.

02 Bởi vì đi bộ quá sức nên hình như tôi bị bong gân ở cổ chân. [버이 비 디 보 꽈 슥 넨 힌 뉴 또이 비 봉 건 어 꼬 쩐]
무리하게 걷다가 발목을 접질린 것 같아요.

03 Cổ chân bị sưng rồi. Có thể phải chụp X-ray. [꼬 쩐 비 승 조이. 꼬 테 파이 쭙 엑스레이]
발목이 많이 부었네요. 엑스레이를 찍어 봐야 할 것 같아요.

04 Cổ chân bị rạn nứt. Trước tiên cần phải bó bột. [꼬 쩐 비 잔 늣. 쯔억 띠엔 껀 파이 버 봇]
발목에 금이 갔네요. 우선은 깁스를 해 드리도록 하겠습니다.

05 Tôi có thể đi lại được không ạ? [또이 꼬 테 디 라이 드억 콩 아]
혹시 걸어 다녀도 괜찮을까요?

06 Không được. Chị cần hạn chế đi lại nhất có thể. [콩 드억. 찌 껀 한 쩨 디 라이 녓 꼬 테]
아니요. 가능한 한 돌아다니지 마세요.

07 Vâng, xin cảm ơn ạ. [벙, 신 깜 언 아]
네, 감사합니다.

---

bị bong gân [비 봉 건] 삐다, 접질리다 / **bị rạn nứt** [비 잔 늣] 금 가다 / **bó bột** [보 봇] 깁스

Situation 48

위급상황에서
경찰서에서 도난 신고하기

> **Do**
>
> 신고할 때, 도난을 당했다고 말하면 도난을 당한 장소까지 경찰과 동행해야 하는 등 시간이 오래 걸릴 수 있습니다. 따라서 잃어버렸다고 말하고 분실 신고서를 작성하는 것이 낫습니다. 여권, 현금, 스마트폰과 같은 귀중품은 늘 금고에 넣어 보관하거나 길에서는 가능한 한 꺼내지 않는 것이 좋습니다. 현지 경찰서에서 작성한 분실·도난 신고서가 있어야 한국에서 가입한 여행자 보험의 혜택 등을 받을 수 있습니다.

현지에서 당신이 듣는 말 　　　　　　**현지에서 당신이 하는 말**

01 Có chuyện gì vậy ạ?
[꼬 쭈옌 지 버이 아]
무슨 일이시죠?

02 Tôi đã bị lấy cắp điện thoại.
[또이 다 비 러이 깝 디엔 토와이]
휴대폰을 도난 당했어요.

03 Chị đã bị lấy cắp ở đâu?
[찌 다 비 러이 깝 어 더우]
어디서 도난 당하셨죠?

04 Tôi đang đi trên đường Nguyễn Thị Minh Khai thì có 1 chiếc xe máy đi đến và giật lấy điện thoại.
[또이 당 디 쩬 드엉 응우엔 티 민 카이 티 꼬 못 찌엑 쌔 마이 디 덴 바 젓 러이 디엔 토와이]
응우엔티민카이 길을 걸어가고 있었는데 오토바이가 와서 휴대폰을 낚아채 갔어요.

05 Chị hãy ghi vào tờ khai báo mất cắp. Hoặc người đi cùng có thể ghi hộ cũng được.
[찌 해이 기 바오 떠 카이 바오 멋 깝. 호약 응어이 디 꿍 꼬 테 기 호 꿍 드억]
일단 도난 신고서를 작성해 주세요. 동행하신 분이 대신 작성해도 됩니다.

06 Tôi đã ghi xong rồi.
[또이 다 기 송 조이]
다 작성했습니다.

07 Xin hãy kí vào đây.
[신 해이 끼 바오 더이]
여기 사인해 주세요.

---

giật lấy[젓 러이] 낚아채 가다 / **tờ khai báo**[떠 카이 바오] 신고서

Situation 49

위급상황에서
여권을 분실했을 때

 ♪ 2_49.mp3

Do 여권을 분실하면 공안(경찰서)에 가서 분실 신고서를 작성해야 합니다. 그 후 베트남 대사관에서 여행 증명서 또는 일반 여권을 발급 받아야 합니다. 비상 여권을 만들 경우 사진이 필요하니 여행 시엔 비상 상황을 대비하여 여권 사진을 가지고 다니는 것을 추천합니다.

현지에서 당신이 듣는 말 🎧	현지에서 당신이 하는 말 👄
	01 Hình như tôi đã để quên hộ chiếu ở trên máy bay. [힌 뉴 또이 다 데 꾸엔 호 찌우 어 쩬 마이 바이] 비행기에 여권을 두고 내린 것 같아요.
02 Quý khách đã đi số hiệu máy bay gì? [뀌 카익 다 디 소 히우 마이 바이 지] 항공편명이 어떻게 되시죠?	
	03 VN0325. Máy bay xuất phát từ sân bay Inchoen lúc 10 giờ sáng. Ghế 40C. [비 엔 콩 바 하이 람. 마이 바이 수엇 팟 뜨 선 바이 인천 룩 므어이 져 상. 게 본 므어이 쎄] VN0325편이요. 오전 10시에 인천에서 출발한 비행기예요. 40C요.
04 Xin lỗi quý khách nhưng không tìm thấy hộ chiếu ở trên máy bay ạ. [신 로이 뀌 카익 늉 콩 띰 터이 호 찌우 어 쩬 마이 바이 아] 죄송합니다, 손님. 기내에선 여권을 찾지 못했다고 하네요.	
05 Ở tầng 3 của sân bay có trung tâm tìm kiếm đồ thất lạc. Quý khách có thể đến đó hỏi ạ. [어 떵 바 꾸아 선 바이 꼬 쭝 떰 띰 끼엠 도 텃 락. 뀌 카익 꼬 테 덴 도 호이 아] 3층에 공항 분실물 센터가 있습니다. 그쪽에 한 번 가 보세요.	**06** Vâng, tôi hiểu rồi. Xin cảm ơn. [벙. 또이 히우 조이. 신 깜 언] 네, 알겠습니다. 감사합니다.

Situation 50

위급상황에서
약국에서

2_50.mp3

Do 간단한 비상약은 챙겨 가세요. 두통, 복통 등 가벼운 증상은 약국을 이용하고, 많이 아플 때는 숙소에 요청해서 가까운 병원을 안내 받으세요.

Don't 평소 약 부작용이 있다면 함부로 처방 받으면 안 됩니다. 베트남은 날씨가 더워 음식이 상하기 쉬우니 해산물이나 신선해 보이지 않는 음식은 주의해 주세요.

현지에서 당신이 듣는 말	현지에서 당신이 하는 말

01 Mới sáng ra tôi đã bị đau bụng và sốt nhẹ.
[머이 상 자 또이 다 비 다우 붕 바 쏫 녜]
아침부터 복통이 있고 미열이 좀 있어요.

03 Có vẻ như chị bị ngộ độc thức ăn nhẹ. Tôi sẽ kê đơn thuốc chữa ngộ độc và giải nhiệt. [꼬 배 뉴 찌 비 응오 독 특 안 녜. 또이 쌔 깨 던 투옥 쯔어 응오 독 바 쟈이 니엣]
약한 식중독인 것 같네요. 식중독 약과 해열제를 처방해 드릴게요.

02 Sáng qua tôi đã ăn hải sản, mấy đồ đó có vẻ không được tươi cho lắm. [상 꽈 또이 다 안 하이 산, 머이 도 도 꼬 배 콩 드억 뜨어이 쪼 람]
어제 낮에 해산물을 먹었는데 좀 신선하지 않았던 것 같아요.

04 Chị muốn uống thuốc viên hay thuốc nước hơn?
[찌 무언 우옹 투옥 비엔 해이 투옥 느억 헌]
알약이 좋으세요, 시럽이 좋으세요?

05 Thuốc viên có vẻ đỡ hơn ạ.
[투옥 비엔 꼬 배 더 헌 아]
알약이 더 좋겠어요.

06 Đây ạ. Trước tiên chị dùng 1 viên và cứ 8 tiếng một lại uống tiếp 1 viên nữa. [더이 아. 쯔억 띠엔 찌 중 못 비엔 바 끄 땀 띠엥 못 라이 우옹 띠엡 못 비엔 느어]
여기 있습니다. 우선 지금 한 알 복용하시고 8시간마다 한 알씩 복용해 주세요.

---

nhẹ[녜] 가벼운 / **tươi**[뜨어이] 신선한 / **bị ngộ độc thức ăn**[비 응오 독 특 안] 식중독에 걸리다 / **thuốc viên**[투옥 비엔] 알약 / **thuốc nước**[투옥 느억] 물약, 시럽 / **đỡ**[더] 낫다

123

여행 일본어 무작정 따라하기

부록
MP3 파일
무료 제공

센님(정세영) 지음 | 188쪽 | 14,000원

일본어를 몰라도, 시간이 없어도, 짐이 많아도 OK!

일본 문화 유튜버 '센님'이 고르고 고른 여행 필수 표현들!
여행 2주 전 '미리 보는 책' + 여행 당일 '가서 보는 책'으로
얇고 가볍게 여행 일본어를 준비해 보세요!

난이도	첫걸음 / 초급 / 중급 / 고급	기간	일본 여행 D-2주, 하루 30분
대상	'일본어 잘하면 일본 여행이 훨씬 재밌을 텐데'라고 생각하는 예비 여행자	목표	현지에서 점원과 의사소통하고 자연스럽게 일본 친구 사귀기

Vietnamese

여행 베트남어

TRAVEL 무작정 따라하기

❷ 가서 보는 책

무작정 들고 가도 다 통한다!
'한글발음표기'로 누구나 쉽게
상황에 따라 콕 집어 바로 말한다!

체리혜리(김혜리) 지음

무조건 꼭 쓰는 베트남어 표현 10

저자 쇼츠 강의

인사할 때

★여자에게 인사할 때

안녕하세요.
[짜오 찌]
Chào chị.

★남자에게 인사할 때

안녕하세요.
[짜오 아잉]
Chào anh.

감사함을 표현할 때

감사합니다.
[신 깜 언 아]
Xin cảm ơn ạ.

미안함을 표현할 때

죄송합니다. 실례합니다.
[신 로이 아]
Xin lỗi ạ.

상대방이 미안함을 표현했다면

괜찮아요. 상관없어요.
[콩 사오]
Không sao.

거절을 해야 할 때

아니요.
[콩]
Không.

Vietnamese
여행 베트남어

❷ 가서 보는 책

"

독자의 1초를 아껴주는 정성!
세상이 아무리 바쁘게 돌아가더라도
책까지 아무렇게나 빨리 만들 수는 없습니다.
인스턴트식품 같은 책보다는
오래 익힌 술이나 장맛이 밴 책을 만들고 싶습니다.

길벗이지톡은 독자 여러분이 우리를 믿는다고 할 때 가장 행복합니다.
나를 아껴주는 어학 도서, 길벗이지톡의 책을 만나보십시오.

땀 흘리며 일하는 당신을 위해
한 권 한 권 마음을 다해 만들겠습니다.
마지막 페이지에서 만날 새로운 당신을 위해
더 나은 길을 준비하겠습니다.

독자의 1초를 아껴주는 정성을 만나보십시오.

"

INSTRUCTIONS
여행 베트남어 무작정 따라하기 일러두기

1 미리 보는 책 : 여행 베트남어를 체계적으로 학습하고 싶은 분께 추천합니다. 실제 상황을 고려해 보다 풍성한 표현을 익히고 싶다면 2주 코스를 목표로 학습해 보세요. 당신의 여행이 달라집니다!

출국부터 귀국까지!
기내-공항-교통-호텔-길거리-식당-쇼핑-관광지-위급상황별로 꼭 필요한 핵심 표현만 담았습니다!

30개 핵심 패턴으로 빈틈없이!
하나의 패턴에 단어만 바꾸면 수십 가지 문장을 말할 수 있습니다!

앞에서 학습한 패턴을 실제 상황에서 어떻게 쓰는지 상황별로 연습합니다.

듣는 말과 하는 말을 구분하여 집중 학습이 가능합니다. 상황에 따라 다양한 질문과 대답을 선택해 학습합니다.

모든 상황이 한 권에!

 기내　 공항　 교통　 호텔　 길거리　 식당　 쇼핑　 관광　 위급

 **가서 보는 책** : 기내에서, 공항에서, 여행하면서 언제 어디서나 참고할 수 있는 활용편입니다. 필요한 정보만 쏙쏙 골라 담아, 여행 내내 유용하게 활용할 수 있습니다!

해외여행이 처음이라도 걱정하지 마세요!

출입국 수속 가이드부터 비자 발급 받는 법까지 자세한 설명을 담았습니다.

여행에 유용한 애플리케이션 활용 방법을 친절하게 소개합니다.

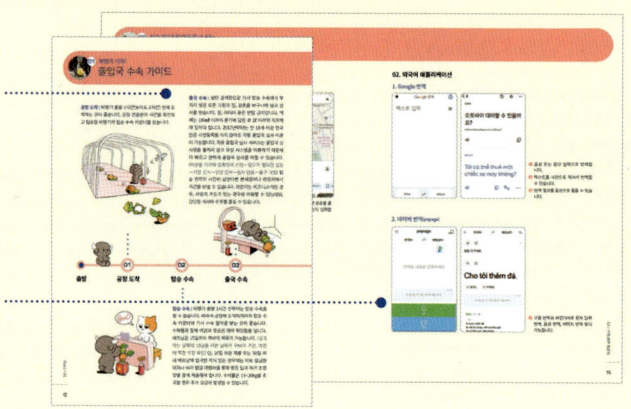

이것만은 꼭!

꼭 알아 둬야 할 가장 기초적인 표현 30개만 모았습니다.

모르면 난감해지는 날짜, 시간, 화폐 등 숫자 읽기를 한눈에 볼 수 있게 정리했습니다.

각 상황별 핵심 단어를 읽고 말할 수 있도록 정리했습니다!

상황에 따라 꼭 알아야 하는 '표지판 베트남어'를 확인합니다.

지금 꼭 필요한 베트남어를 바로바로 찾아서 말할 수 있습니다.

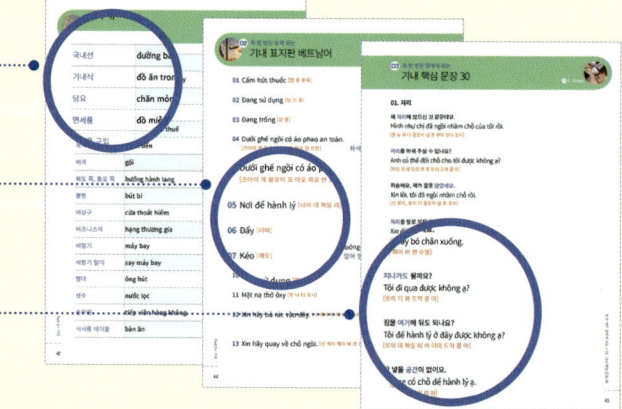

TABLE OF CONTENTS
목차

가서 보는 여행 베트남어 무작정 따라하기

PART 3
이 정도는 알아야 나갈 수 있다!

01 여행의 시작!
   출입국 수속 가이드 ···· 10

02 한 번 알아 두면 오래 써먹는
   베트남 비자 발급 받는 법 ···· 12

03 쉽고 간단하게 따라 할 수 있는
   여행 APP 활용법 ···· 14
   01. 길 찾기 애플리케이션
   02. 외국어 애플리케이션
   03. 택시, 오토바이, 음식 배달 애플리케이션
   04. 숙박, 관광 애플리케이션
   05. 안전 관련 애플리케이션

PART 4
이 정도는 알아야 살아남는다!

01 이것만은 기억하자
   생존 표현 30 ···· 20

02 모르면 난감해지는
   숫자 읽기 ···· 30

03 예약하려면 꼭 알아야 하는
   날짜·시간 읽기 ···· 33

04 알아 두면 쇼핑도 척척
   화폐 읽기 ···· 37

TABLE OF CONTENTS

PART 5
찾아보기,
이것만은
들고 가자!

01	기내 핵심 단어	•••• 40
02	기내 표지판 베트남어	•••• 42
03	기내 핵심 문장 30	•••• 43

    01. 자리
    02. 먹을 것과 마실 것
    03. 기내 서비스 요청하기
    04. 기타 상황

04	공항 핵심 단어	•••• 47
05	공항 표지판 베트남어	•••• 49
06	공항 핵심 문장 30	•••• 50

    01. 공항에서 위치 물어보기
    02. 체크인
    03. 출입국 심사, 세관 검사, 수하물 찾기
    04. 공항에 문의하기
    05. 공항에서 택시 · 버스 타기

07	교통 핵심 단어	•••• 54
08	교통 표지판 베트남어	•••• 57
09	교통 핵심 문장 30	•••• 58

    01. 버스를 탈 때
    02. 택시를 탈 때
    03. 슬리핑 버스를 예약할 때
    04. 기타 상황

10	호텔 핵심 단어	•••• 62
11	호텔 표지판 베트남어	•••• 65
12	호텔 핵심 문장 30	•••• 66

    01. 체크인 · 체크아웃 하기
    02. 시설 · 서비스 이용하기
    03. 불편사항 말하기

13	길거리 핵심 단어	•••• 70
14	길거리 표지판 베트남어	•••• 73
15	길거리 핵심 문장 30	•••• 74

    01. 길 물어보기
    02. 위치 물어보기
    03. 거리 카페 · 식당에서
    04. 기타 상황

가서 보는
여행 베트남어
무작정
따라하기

⑯ 식당 핵심 단어 · · · · 78
⑰ 식당 표지판 베트남어 · · · · 81
⑱ 식당 핵심 문장 30 · · · · 82
    01. 주문하기
    02. 식사하기
    03. 불편사항
    04. 계산하기

⑲ 쇼핑 핵심 단어 · · · · 86
⑳ 쇼핑 표지판 베트남어 · · · · 90
㉑ 쇼핑 핵심 문장 30 · · · · 91
    01. 시장에서
    02. 백화점 · 마트에서

㉒ 관광 핵심 단어 · · · · 95
㉓ 관광 표지판 베트남어 · · · · 99
㉔ 관광 핵심 문장 30 · · · · 100
    01. 표 구입, 입장할 때
    02. 관광지 · 놀이공원에서
    03. 놀이기구를 탈 때
    04. 마사지 · 네일을 받을 때
    05. 투어 예약할 때
    06. 기타 상황

㉕ 위급 핵심 단어 · · · · 104
㉖ 위급 표지판 베트남어 · · · · 107
㉗ 위급 핵심 문장 30 · · · · 108
    01. 응급 상황에서
    02. 분실 · 도난 당했을 때
    03. 아플 때
    04. 기타 상황

PART 3

이 정도는 알아야 나갈 수 있다!

가서 보는 여행 베트남어 무작정 따라하기

01 여행의 시작!
출입국 수속 가이드

02 한 번 알아 두면 오래 써먹는
베트남 비자 발급 받는 법

03 쉽고 간단하게 따라 할 수 있는
여행 APP 활용법
01. 길 찾기 애플리케이션
02. 외국어 애플리케이션
03. 택시, 오토바이, 음식 배달 애플리케이션
04. 숙박, 관광 애플리케이션
05. 안전 관련 애플리케이션

01 여행의 시작!
출입국 수속 가이드

공항 도착 | 비행기 출발 3시간(늦어도 2시간) 전에 도착하는 것이 좋습니다. 공항 전광판의 시간을 확인하고 탑승할 비행기의 탑승 수속 카운터를 찾습니다.

출국 수속 | 보안 검색장으로 가서 탑승 수속에서 부치지 않은 모든 가방과 짐, 겉옷을 바구니에 넣고 심사를 받습니다. 칼, 라이터 등은 반입 금지입니다. 액체는 100㎖ 이하의 용기에 담은 후 1ℓ 이하의 지퍼백에 담아야 합니다. 2017년부터는 만 19세 이상 한국인은 사전등록을 하지 않아도 자동 출입국 심사 이용이 가능합니다. 자동 출입국 심사 서비스는 출입국 심사관을 통하지 않고 무인 시스템을 이용하기 때문에 더 빠르고 편하게 출입국 심사를 마칠 수 있습니다. (여권을 기기에 접촉하여 스캔→입구가 열리면 입장→지문 인식→안면 인식→심사 완료→출구 개방) 탑승 전까지 시간이 남았다면 면세점이나 라운지에서 시간을 보낼 수 있습니다. 라운지는 비즈니스석인 경우, 라운지 카드가 있는 경우에 이용할 수 있는데요. 간단한 식사와 주류를 즐길 수 있습니다.

출발 — 01 공항 도착 — 02 탑승 수속 — 03 출국 수속

탑승 수속 | 비행기 출발 1시간 전부터는 탑승 수속을 할 수 없습니다. 따라서 공항에 도착하자마자 탑승 수속 카운터에 가서 수속 절차를 받는 것이 좋습니다. 수하물과 함께 여권과 항공권 예약 확인증을 냅니다. 베트남은 현재 최장 45일까지 무비자 체류가 가능합니다. 전자비자(E비자) 발급 시 체류기간은 단·복수비자 30~90일까지입니다. 수하물은 15~20kg을 초과할 경우 추가 요금이 발생할 수 있습니다.

탑승구 찾기 | 출국장은 3층입니다. 출발 30분 전에는 출발 탑승구에 도착해야 합니다. 출발 탑승구는 전광판이나 비행기표에서 확인할 수 있습니다. 탑승구가 바뀌는 경우가 많으니 꼭 확인하고 타야 합니다.

도착 | 비행기에서 내리면 입국 심사대로 가서 여권을 제출합니다. 만약 45일 이상을 체류할 경우 미리 받은 비자 또는 입국 허가 초청장을 함께 제출해야 합니다. 도착 비자를 받는 경우 도착 비자 발급 창구로 가서 초청장과 서류를 제출하고 도착 비자를 받은 후 입국 심사대로 가면 됩니다. 입국 심사 후 짐 찾는 곳에 가서 항공편을 보고 짐을 찾고, 세관 신고 후 공항을 나옵니다.

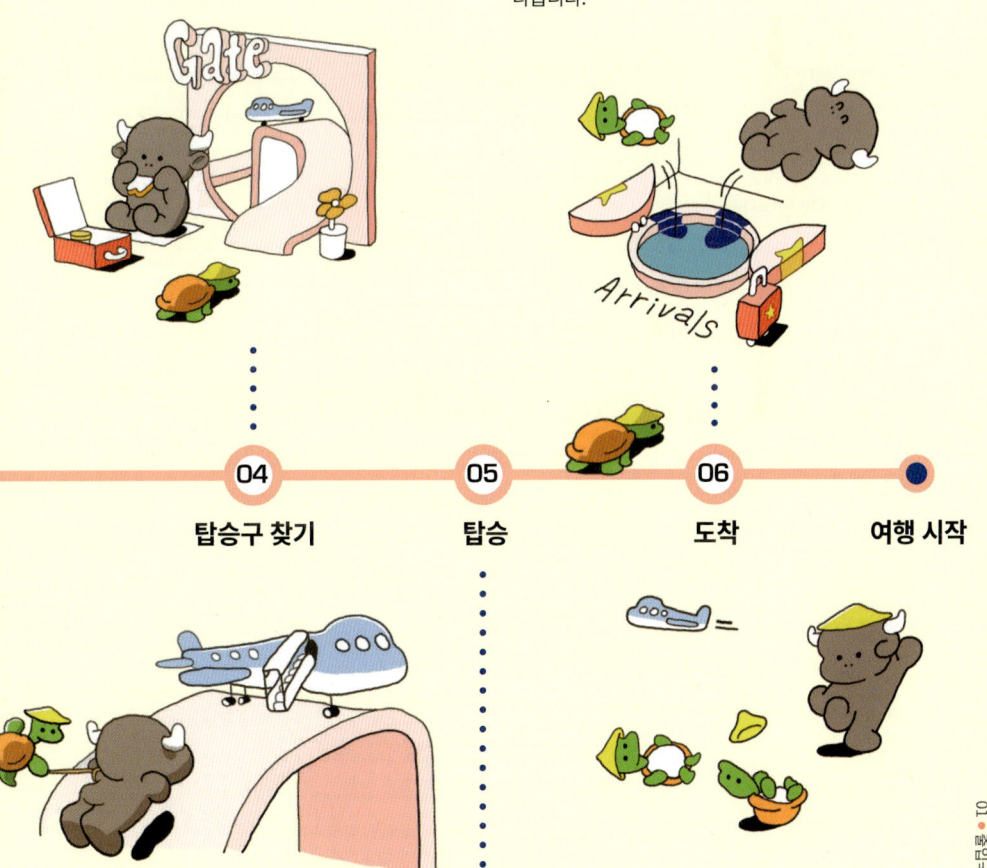

04 탑승구 찾기
05 탑승
06 도착
여행 시작

탑승 | 좌석을 안내 받고 기내에 가지고 간 짐은 좌석 위 선반에 정돈하여 올려놓습니다. 탑승 후에는 승무원의 지시에 따라 안전벨트를 착용하고 창가 좌석에 앉았다면 이륙 시에는 창문 덮개를 열어 놓습니다.

02 한 번 알아 두면 오래 써먹는
베트남 비자 발급 받는 법

베트남은 45일까지 무비자로 여행할 수 있으며, 그 이상 베트남에 머물러야 할 경우 비자가 필요합니다. 베트남 비자의 발급 방식은 크게 세 종류입니다.

대사관 비자 : 비자 승인 후 한국의 베트남 대사관에서 비자 발급
도착 비자 (대행 업체 이용) : 1차 비자 승인 후 베트남 도착 공항에서 비자 발급
E비자 : 온라인으로 신청 후 PDF로 된 전자비자로 발급

1 대사관에 신청

대사관에 신청하는 방법은 서울에 위치한 주한 베트남대사관에 직접 방문하여 발급 받는 방법입니다. 우편이나 인터넷 접수는 불가능하며 여권 원본과 여권 사진, 항공권을 지참하여 현장 방문해야 합니다. 세 가지 방법 중 발급비가 제일 비쌉니다.

위치 : 주한 베트남대사관(서울특별시 종로구 삼청동 북촌로 123)

2 대행 업체 이용(도착 비자 Arrival Visa 발급법)

도착 비자란 한국에서 출발할 때 베트남 비자 발급 서류를 준비해서, 베트남 현지 공항에서 비자를 수령하는 방법입니다. 이 방법은 출국일이 얼마 남지 않은 경우 매우 유용합니다. 한국에서 대행 업체를 통해 초청장만 받아서 출국한 후 현지에 도착하여 직접 카운터에서 여권, 사진, 초청장, 수수료, 비자 신청서를 제출한 후 비자를 받는 방법과 현지에서 비자 발급까지 모두 대행해 주는 것 중 선택할 수 있습니다. 첫 번째 방법을 선택할 경우 비자 대행 업체에서 준비해 주는 초청장은 하루면 발급이 가능하지만, 베트남 도착 비자 발급 창구에 외국인들이 많아서 대기 시간이 매우 길고 국제 공항에서만 받을 수 있다는 단점이 있습니다. 인터넷에 있는 비자 신청서 양식을 미리 작성해 가면 대기 시간을 어느 정도 줄일 수 있습니다.

1. 베트남 여행사로부터 초청장을 받아야 한다. 검색창에 '베트남 도착 비자'라고 검색하면, 초청장을 발급해 주는 여행사가 나온다. 발급 기간은 5일 정도, 요금은 1만 원 전후로 천차만별이다. 여권과 전자항공권을 스캔해 보내고 발급비를 송금한다.
2. 베트남 도착 비자 신청서를 인터넷에서 다운받아 작성한다. 증명사진 2장 준비.
3. 현지 도착하여 입국 심사대 근처에 위치한 도착 비자 발급 사무소로 간다.
4. 여행사 초청장, 도착 비자 신청서, 증명사진 1~2장, 여권, 전자항공권, 비자 비용(단수 25달러, 복수 50달러)을 제출하고 발급을 기다린다.

주의 사항 : 수수료는 현금으로만 지불 가능 (미화, 베트남 동)

3 전자비자 받기(E - VISA)

전자비자는 온라인으로 신청이 가능한 비자입니다. E비자를 통해 최대 90일까지 베트남에 체류할 수 있으며, 단수 입국과 복수 입국이 모두 가능합니다. 홈페이지에서 신청 후 결제하며 이메일을 통해 결과를 확인할 수 있습니다. 검토 기간이 오래 걸릴 것을 대비하여 출국일보다 최소한 일주일 전에 신청하는 것이 좋습니다. (검토 기간은 평균 3일이지만, 더 걸릴 가능성도 있음) 발급 받은 비자는 프린트하여 입국·출국 심사 때 제시하면 됩니다. 수수료는 단수 25달러, 복수 50달러이며 출국까지 시간이 여유로운 경우 추천하는 가장 좋은 방법입니다.
E비자는 모든 국가 및 지역에서 신청할 수 있습니다.
특히, E비자를 소지한 분들은 베트남 공항의 도착 비자(VOA) 카운터에서 비자 스탬프를 받기 위해 대기할 필요가 없어서 편리합니다.

비자 접수 베트남 사이트
https://evisa.xuatnhapcanh.gov.vn/web/guest/home

▶ 주소 옆 자물쇠를 반드시 확인해 주세요. (공식 사이트 표기)
▶ 준비물: 사진 3X4㎝ 사이즈 파일(파일 용량 : 2mb), 여권 스캔 파일(파일 용량 : 2mb), 영문 한국 주소(결제 시 필요)

03 쉽고 간단하게 따라 할 수 있는
여행 APP 활용법

01. 길 찾기 애플리케이션

구글 맵스

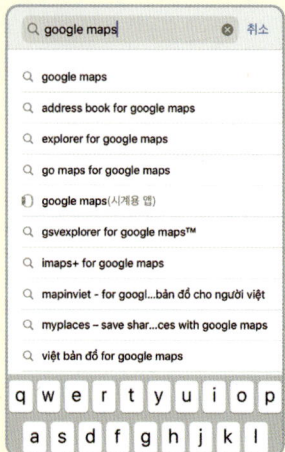
❶ 앱을 받는 화면에서 google maps 를 검색해서 다운로드 합니다.

❷ 이미 설치되어 있는 경우는 [열기] 를 누릅니다.

❸ 가는 방법이 알고 싶다면 경로를 클릭하고, 어디서 출발하는지 입력합니다.

❹ 걸어가는 사람 모양의 아이콘은 도보, 자동차 모양은 택시를 의미합니다. 택시나 그랩 사용시 참고할 수 있습니다.

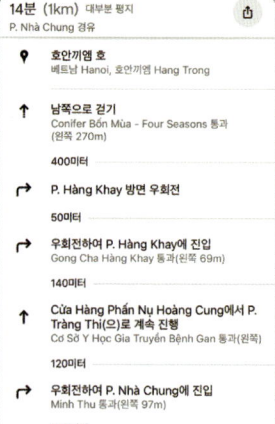
❺ 도보를 선택하면 경로를 자세히 볼 수 있습니다.

02. 외국어 애플리케이션

1. Google 번역

❶ 음성 또는 문자 입력으로 번역합니다.
❷ 텍스트를 사진으로 찍어서 번역할 수 있습니다.
❸ 번역 결과를 음성으로 들을 수 있습니다.

2. 네이버 번역 (papago)

❶ 구글 번역과 마찬가지로 문자 입력 번역, 음성 번역, 이미지 번역 등이 가능합니다.

여행 APP 활용법

03. 택시, 오토바이, 음식 배달 애플리케이션

그랩

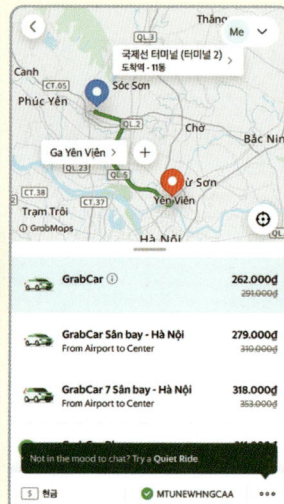

❶ 택시나 오토바이 예약 이용 서비스입니다.
❷ 목적지를 설정하면 예상 요금을 알 수 있어서 합리적인 예산 안에서 사용 가능합니다.
❸ 기사의 사진, 차량 정보, 실시간 위치까지 검색 가능합니다.
❹ '음식'을 누르면 음식 주문을, '배송'을 누르면 퀵 서비스처럼 사용할 수 있습니다.
❺ 자신이 있는 곳을 기사가 찾지 못하면, 자신이 있는 곳의 주변 사진을 찍어서 메시지 기능을 이용해 보내면 됩니다.

Tip : 베트남 현지에서 그랩을 설치할 경우 문자 인증 등에서 오류가 생길 수 있습니다. 한국에 있을 때 앱을 미리 설치해두고 베트남에 도착했을 때 앱 실행 후 사용 국가를 베트남으로 설정한 뒤 신용카드를 추가하면 등록된 카드로 택시비가 자동 결제됩니다.

04. 숙박, 관광 애플리케이션

1. 에어비앤비

❶ 호텔, 호스텔 등 다양한 종류의 숙박 시설을 날짜와 인원에 맞게 찾아 예약할 수 있습니다.
❷ 이외에도 현지 길거리 투어, 쿠킹 클래스, 오토바이 투어 등 다양한 체험을 예약하고 즐길 수 있습니다.

2. 쉬운 환율 계산기

❶ 환율 계산기를 검색하여 다운 받습니다.
❷ 한화를 입력하면 베트남 동으로 베트남 동을 입력하면 한화로 환산해 줍니다.

05. 안전 관련 애플리케이션

해외안전여행 (외교통상부)

❶ 재외 공관 연락처를 한눈에 볼 수 있습니다.
❷ 위기상황 대처 매뉴얼을 볼 수 있습니다.
❸ 영사 콜센터를 이용할 수 있습니다. (유료)

가서 보는
여행 베트남어
무작정 따라하기

01 이것만은 기억하자
생존 표현 30

02 모르면 난감해지는
숫자 읽기

03 예약하려면 꼭 알아야 하는
날짜 · 시간 읽기

04 알아 두면 쇼핑도 척척
화폐 읽기

01 이것만은 기억하자
생존 표현 30

01 Chào chị. (여자에게 인사할 때) [짜오 찌]
안녕하세요.

흔히 아는 베트남 인사말은 Xin chào.[신 짜오]일 것입니다. 그러나 베트남 현지에서 인사할 때 Xin chào.라고는 잘 하지 않습니다. 베트남어는 상대를 가리키는 대명사가 성별에 따라 다른데 보통 여성에겐 '언니, 누나'라는 뜻의 chị[찌], 남성에겐 '오빠, 형'이라는 뜻의 anh[아잉]을 붙여 말합니다. 따라서 상대가 남성일 경우는 Chào anh.[짜오 아잉]라고 가볍게 인사하면 됩니다.

02 Không có gì đâu ạ. (북부) [콩 꼬 지 더우 아]
괜찮아요. 천만에요.

자리를 양보하거나 도움을 주면 상대편에서 Cám ơn.[깜 언]이라고 하겠죠. 이럴 때 '별거 아닙니다. 천만에요'라는 뜻으로 씁니다. 물론 아무 말 하지 않고 살짝 웃어 줘도 됩니다.

l 유사표현 l Không có chi.[콩 꼬 찌] 괜찮아요. 천만에요.(남부)

03 Không sao. [콩 사오]
괜찮아요. 상관없어요.

식당을 갔는데 직원이 "재료가 떨어져 한 메뉴밖에 주문할 수 없는데 괜찮으시겠어요?"라는 말을 했을 때 '괜찮아요, 상관없어요'라는 의미로 사용할 수 있어요. 또는 상대편이 나에게 "미안합니다."라고 했을 때 "괜찮습니다."라는 의미로도 사용할 수 있습니다. 매우 유용한 표현이니 꼭 기억해 두세요.

🎧 4_01.mp3

04 Xin lỗi ạ. [신 로이 아]
죄송합니다. 실례합니다.

잘못했을 때 쓰는 사과 표현입니다. 문장 끝에 ạ[아]를 붙이면 높임말이 되어 더욱 예의를 갖춘 표현이 됩니다. 여행 가기 전에 다른 건 몰라도 '안녕하세요, 감사합니다, 죄송합니다' 이 세 가지는 꼭 기본적으로 알고 가면 좋겠죠!

05 Xin cảm ơn ạ. [신 깜 언 아]
감사합니다.

상대편에게 도움을 받았을 때 쓸 수 있는 감사의 표현입니다. 그냥 Cám ơn.[깜 언]이라고만 말해도 괜찮지만, 문장 앞에 Xin[신]과 끝에 ạ[아]를 붙이면 더욱 예의 바른 표현이 됩니다.

06 Không. [콩]
아니요.

무언가를 원치 않거나 거절을 해야 하는 경우 아주 간단하게 할 수 있는 말입니다. 상대편이 '~을 가지고 있나요?'라고 물어보았을 때, 가지고 있지 않은 경우에도 '아니요, 없어요'라는 의미로 Không.[콩]이라고 대답하면 됩니다.

생존 표현 30

Chờ một chút ạ. [쩌 못 쭛 아]
잠깐만요.

상대편에게 잠시만 기다려 달라고 할 때 쓰는 표현입니다. 중간에 một chút을 빼고 Chờ chút.[쩌 쭛]이라고 해도 같은 뜻이고, Chờ đã.[쩌 다]라고 해도 같은 의미입니다.

| 유사표현 | Khoan đã.[코안 다] 잠시만요.

Tôi là người Hàn Quốc. [또이 라 응어이 한 꿕]
한국 사람입니다.

베트남 사람들은 외국인에게 호의적인 편이어서 여행객들에게 어느 나라에서 왔냐고 물어보는 경우가 많아요. 그럴 땐 이렇게 대답해 주세요.

Xin hãy nói lại một lần nữa ạ.
[신 해이 노이 라이 못 런 느어 아]
다시 한 번 말해 주세요.

상대편의 말을 잘 듣지 못했을 때 쓰는 표현입니다. 문장이 너무 길어 어렵다면 "한 번 더요."라는 의미의 Một lần nữa ạ.[못 런 느어 아]라고만 말해도 괜찮습니다.

10 Tôi không biết ạ.
잘 모르겠습니다.
[또이 콩 비엣 아]

뒤에 Tiếng Việt[띠엥 비엣]을 붙여 Tôi không biết Tiếng Việt ạ. [또이 콩 비엣 띠엥 비엣 아]라고 하면 "저는 베트남어를 모릅니다."라는 뜻입니다. 또는 베트남어로만 되어 있는 안내문을 가리키면서 잘 모르겠다고 말하면 직원의 도움을 받을 수 있겠죠.

11 Cho tôi hỏi một chút được không ạ?
[쪼 또이 호이 못 쭛 드억 콩 아]

뭐 좀 물어봐도 될까요?

질문을 하거나 말을 걸 때 쓰는 표현입니다. 말을 시작할 때 성별에 따라 남자에게는 Chào anh.[짜오 아잉] 여자에게는 Chào chị.[짜오 찌]라고 인사를 한 뒤에 이 문장을 말하면 더 정중하고 자연스러운 표현이 됩니다.

12 Xin giúp tôi một chút được không ạ?
[신 줍 또이 못 쭛 드억 콩 아]

저 좀 도와주실 수 있을까요?

실생활에선 Xin과 một chút을 빼고 Giúp tôi với ạ.[줍 또이 버이 아]라고 짧게 말하기도 합니다. 두 문장 모두 도움을 요청할 때 사용할 수 있는 문장입니다. 물건을 분실하거나 짐이 너무 많을 때 등 도움이 필요한 경우에 사용해 보세요.

생존 표현 30

13 Tôi bị lạc đường. [또이 비 락 드엉]
길을 잃었습니다.

베트남엔 좁은 골목길이 많기 때문에 택시가 갈 수 없는 길이 많습니다. 골목에 있는 맛집을 가고 싶을 때는 그랩 오토바이를 이용해 보세요. 재미도 있고 내가 원하는 곳에 정확히 갈 수 있습니다. 가끔 구글 맵을 이용해도 길을 잃는 경우가 종종 있는데, 이럴 때는 현지인에게 도움을 요청해 보세요.

I 유사표현 I Tôi bị quên đường. [또이 비 꾸엔 드엉] 길을 잃어버렸어요.

14 Biển Mỹ Khê đi thế nào ạ? [비엔 미 케 디 테 나오 아]
미케 해변은 어떻게 가나요?

가까운 거리라서 걸어가고 싶은데 길을 잘 모르겠다면 장소 이름을 넣어 구체적으로 물어보세요. 앞에 '실례합니다'라는 의미의 Xin lỗi[신 로이]를 넣어 말하면 더욱 자연스럽습니다.

15 Tôi không muốn ạ. [또이 콩 무언 아]
(그거) 원하지 않습니다.

여행을 하다 보면 가끔 원하지 않는 물건을 사야 하거나 거절해야 할 일이 생기기도 하죠. 뒤에 명사를 붙이면 '~을 원치 않습니다'라는 표현이 되어 정중히 거절할 때 쓸 수 있습니다.

16 Xin chụp ảnh giúp tôi được không ạ?
[신 쭙 아잉 쥽 또이 드억 콩 아]

사진 좀 찍어 주시겠어요?

여행지에 단둘이 갔다면 서로 사진을 찍어 주기도 하지만 간혹 둘이 함께 사진을 찍고 싶을 때도 있지요. 카메라를 내밀며 사진을 찍어 달라고 부탁해 보세요. 현지인들이 사진을 찍어 달라고 부탁할 때도 있어요. 현지인의 사진을 찍어줄 땐 Một, hai, ba[못, 하이, 바](하나 둘 셋)를 외치고 사진을 찍어 주세요.

17 Xin hãy bỏ rau mùi. (북부)
[신 해이 버 자우 무이]

고수 빼 주세요.

고수를 좋아하시는 분이 있는 반면 고수 특유의 향 때문에 고수를 싫어하시는 분들도 있죠? 베트남 음식에는 고수가 들어가는 경우가 많은데, 고수를 못 먹는 사람이라면 꼭 알아야 하는 문장입니다. 고수는 북부에서는 rau mùi[자우 무이], 남부와 중부에서는 rau ngò[자우 응어]라고 쓰므로 구분해서 사용해 주세요.

| 유사표현 | Xin hãy bỏ rau ngò.[신 해이 버 자우 응어] 고수 빼 주세요.(남부, 중부)

18 Ở đây món nào ngon nhất ạ?
[어 더이 몬 나오 응온 녓 아]

이 가게에선 어떤 게 제일 맛있나요?

베트남에는 한두 가지 메뉴만 있는 식당도 있지만 메뉴가 50종류가 넘는 식당도 많습니다. 무엇을 시켜야 할지 모를 때는 가장 인기 있는 메뉴를 시키는 게 실패할 확률이 적겠죠. 메뉴가 많아 난감할 땐 이 표현을 사용해 보세요.

생존 표현 30

19 Ở gần đây có hiệu thuốc không ạ?
[어 건 더이 꼬 히우 투옥 콩 아]

근처에 약국이 있나요?

아무리 유명한 관광지 근처라도 내가 원하는 편의 시설이 없는 경우도 있지요. 그럴 땐 장소 이름을 바꾸어 이 표현을 사용해 보세요. 특히 벌레 물렸을 때 바르는 약은 베트남 약국에서 사다 바르는 게 더 효과적입니다. 약국에서는 영어가 통하지 않는 경우가 많습니다. 감기약은 thuốc cảm[투옥 깜], 모기에 물렸을 때는 muỗi đốt[무이 돗]이라고 알아 두면 도움이 됩니다.

20 Tôi bị mất điện thoại.
[또이 비 멋 디엔 토와이]

휴대폰을 잃어버렸어요.

여행지에서 여권이나 휴대폰을 분실하는 경우가 있습니다. 이럴 경우 경찰서에 가거나 호텔 직원에게 꼭 도움을 요청해 분실 증서를 발급 받으세요. 그러면 빠르게 임시 여권을 받을 수 있고, 귀국한 뒤에도 휴대폰 분실 보험 처리를 쉽게 받을 수 있습니다.

21 Tôi bị lỡ máy bay.
[또이 비 러 마이 바이]

비행기를 놓쳤어요.

비행기 출발 시간을 잘못 알았거나 공항에 늦게 도착해서 비행기를 놓치는 일이 종종 있습니다. 베트남 국내선은 탑승 시간이 연착되는 경우가 많고 한국과 베트남을 오가는 비행기는 주로 새벽 비행기가 많아 시간을 헷갈려 비행기를 놓치는 경우가 많습니다. 출발 시간, 연착 여부 등을 미리 꼭 확인해 두세요.

22 Xe buýt này có đi Đà Nẵng không ạ?

[쌔 부잇 나이 꼬 디 다 낭 콩 아]

이거 다낭 가는 버스 맞나요?

베트남 여행을 할 때 많은 관광객들이 선호하는 교통편은 목적지까지 편히 누워서 갈 수 있는 슬리핑 버스입니다. 버스 터미널에는 여러 지역으로 가는 버스가 한 번에 몰리는 경우도 있고 사람들이 많아 복잡하기 때문에 버스를 타기 전에 다시 한 번 확인하는 것이 좋습니다.

23 Ở đây có bảo quản hành lý không ạ ?

[어 더이 꼬 바오 꽌 하잉 리 콩 아]

가방을 보관해 주실 수 있나요?

여행지 숙소에서 얼리 체크인을 하거나 체크인 시간이 아직 되지 않아 짐을 맡겨야 할 경우가 많이 생깁니다. 그럴 때 호텔 프런트나 숙소에서 쓸 수 있는 표현입니다. 베트남은 도난을 방지하기 위해 서점이나 특히 백화점, 대형 마트에 들어가기 전에 가방을 맡겨야 하는 경우가 많습니다. 큰 가방을 들고 있는 경우 경비원이 가방을 맡기고 가라고 하면 당황하지 말고 가방을 맡기면 됩니다.

24 Mặc thử được không ạ?

[막 트 드억 콩 아]

입어 봐도 될까요?

많은 여행객들이 베트남에서 아오자이를 입고 돌아다니면서 사진 찍는 걸 좋아합니다. 아오자이를 구입하기 전에 자신의 사이즈에 맞고 잘 어울리는 아오자이를 찾는 것이 매우 중요하겠죠? 시장이나 백화점에서도 사용할 수 있는 유용한 표현입니다.

생존 표현 30

25. Bán rẻ cho tôi đi ạ. [반 재 쪼 또이 디 아]

싸게 해 주세요.

베트남엔 시장도 많고 길거리에 아기자기한 가게도 많습니다. 시장에 가서 흥정하는 것 또한 여행의 재미라고 할 수 있는데요, 그럴 때 쓸 수 있는 유용한 표현입니다. 요즘은 워낙 한국인 관광객이 많이 가서 그런지 상인들이 한국말을 참 잘한답니다. 단 마트, 편의점과 같이 가격표가 써 있는 경우는 가격을 깎을 수 없습니다.

| 유사표현 | Mắc quá.[막 꽈] 비싸요.

26. Xin cho tôi thuốc khử côn trùng. [신 쪼 또이 투옥 크 꼰 쭝]

벌레 쫓는 약 좀 주세요.

베트남은 날씨가 더워 모기, 개미 등 벌레가 많습니다. 베트남처럼 더운 나라에서 커다란 바퀴벌레와 작은 도마뱀은 길거리에서 흔히 볼 수 있으니 미리 마음의 준비를 하고 가세요. 특히 호텔이 아닌 에어비엔비나 현지 숙소를 이용한다면 벌레를 볼 확률이 높습니다. 방 안에서 벌레를 발견하면 숙소 주인이나 호텔 프런트에 꼭 얘기해서 벌레 퇴치제를 사용하여 벌레를 쫓아내세요.

27. Xin đổi cho tôi ít tiền lẻ. [신 도이 쪼 또이 잇 띠엔 래]

작은 돈으로 바꿔 주세요.

베트남 돈은 단위가 크고 특히 50만동 지폐는 너무 커서 큰 식당이나 호텔이 아니면 잔돈이 없다며 받지 않는 경우도 종종 있습니다. 따라서 50만동 지폐는 10만동이나 20만동짜리로 바꾸어 두는 것이 좋습니다.

28 Cây ATM ở đâu ạ? [꺼이 에이티엠 어 더우 아]

ATM이 어디에 있나요?

요즘은 베트남에서도 신용카드나 앱 결제 사용이 활발합니다. 한국 여행객들의 경우 환율 우대나 편리함을 위해 트래블카드를 많이 사용하는데요. 그래도 아직 카드 결제가 안 되는 곳도 있어서 여행 경비의 일부는 현금으로 준비하는 것이 좋습니다. 여행을 하다가 사정상 현금이 필요하여 ATM을 찾을 때 쓸 수 있는 표현입니다.

| 유사표현 | Gần đây có cây ATM không ạ?[건 더이 꼬 꺼이 에이티엠 콩 아]
근처에 ATM 이 있나요?

29 Cái này bao nhiêu tiền ạ? [까이 나이 바오 니우 띠엔 아]

이거 얼마예요?

베트남엔 길거리에 맛있는 간식이나 과일을 많이 파는데요, 가격이 써 있지 않은 경우가 있어요. 베트남은 화폐 단위가 커서 가격을 헷갈려 하는 경우가 많은데, 이럴 땐 휴대폰을 이용해서 환산해서 금액을 확인하면 좋습니다. 식당 테이블 위에 기본적으로 놓여 있는 반찬이나 물수건은 대부분 유료예요. 한화 500원에서 1000원 정도지만 모르고 있다가 당황하는 경우도 있으니 미리 알아 두세요. '이거'라는 의미의 Cái này를 빼고 Bao nhiêu tiền ạ.[바오 니우 띠엔 아]라고만 하면 "얼마예요?"가 되어 어떤 상황에서도 사용할 수 있습니다.

30 Xin cho tôi xuống ở kia. [신 쪼 또이 수엉 어 끼아]

저기에서 내려 주세요.

베트남의 주요 교통 수단은 오토바이나 택시입니다. 두 명 이상이 가는 여행이라면 택시를 탈 일이 많을 텐데요. 원하는 목적지에 다다랐을 때 세워 달라고 할 때 쓸 수 있는 표현입니다.

| 유사표현 | Xin cho tôi xuống ở đây.[신 쪼 또이 수엉 어 더이] 여기에서 내려 주세요.

02 모르면 난감해지는 숫자 읽기

01. 숫자 읽기

🎧 4_02.mp3

기수

0	không [콩]	10	mười [므어이]
1	một [못]	11	mười một [므어이 못]
2	hai [하이]	12	mười hai [므어이 하이]
3	ba [바]	13	mười ba [므어이 바]
4	bốn [본]	14	mười bốn [므어이 본]
5	năm [남]	15	mười lăm [므어이 람]
6	sáu [사우]	16	mười sáu [므어이 사우]
7	bảy [바이]	17	mười bảy [므어이 바이]
8	tám [땀]	18	mười tám [므어이 땀]
9	chín [찐]	19	mười chín [므어이 찐]

여행 중에는 개수를 말해야 하는 경우가 많으니 1부터 10까지는 알아 두면 좋습니다. 개수를 나타내는 말은 cái입니다. 한 개는 một cái[못 까이], 열 개는 mười cái[므어이 까이] 등 숫자 뒤에 cái를 붙여 말하면 됩니다.

단, 15는 mười năm[므어이 남]이 아니라 mười lăm[므어이 람]이라고 합니다. 15부터는 일의 단위에 5가 오는 경우 năm[남]이 아닌 lăm[람]으로 발음합니다.

예) 85 : tám mươi lăm [땀 므어이 람]

02. 숫자 단위

🎧 4_03.mp3

❶ 십 단위

10	mười [므어이]	60	sáu mươi [사우 므어이]
20	hai mươi [하이 므어이]	70	bảy mươi [바이 므어이]
30	ba mươi [바 므어이]	80	tám mươi [땀 므어이]
40	bốn mươi [본 므어이]	90	chín mươi [찐 므어이]
50	năm mươi [남 므어이]		

20부터 90까지는 10을 뜻하는 mười[므어이]의 성조가 바뀌어 mươi라고 읽습니다.

> mười ↓ 내려가는 성조
> mươi → 한 음으로 발음

예) 20 : hai mươi [하이 므어이] hai mười (X)

21부터 91까지 일의 자리 수에 1이 오는 경우, 1을 뜻하는 một[못]의 성조가 바뀌어 끝을 올려서 mốt으로 발음합니다.

> một ↓ 아래로 콱 찍어 내리면서 발음
> mốt ↑ 끝이 위로 올라가는 발음

예) 21 : hai mươi mốt [하이 므어이 못] ↑
    31 : ba mươi mốt [바 므어이 못] ↑
    71 : bảy mươi mốt [바이 므어이 못] ↑
    91 : chín mươi mốt [찐 므어이 못] ↑

❷ 백 단위

100	một trăm [못 짬]	600	sáu trăm [사우 짬]
200	hai trăm [하이 짬]	700	bảy trăm [바이 짬]
300	ba trăm [바 짬]	800	tám trăm [땀 짬]

숫자 읽기

400	bốn trăm [본 짬]	900	chín trăm [찐 짬]
500	năm trăm [남 짬]		

❸ 천 단위

1000	một nghìn [못 응인]	6000	sáu nghìn [사우 응인]
2000	hai nghìn [하이 응인]	7000	bảy nghìn [바이 응인]
3000	ba nghìn [바 응인]	8000	tám nghìn [땀 응인]
4000	bốn nghìn [본 응인]	9000	chín nghìn [찐 응인]
5000	năm nghìn [남 응인]		

베트남어에서는 주로 숫자를 말할 때 끝에서부터 3개씩 끊어 읽기 때문에, 1~9까지 말한 뒤에 000을 뜻하는 nghìn[응인] 또는 ngàn[응안]을 붙여 주면 됩니다.

예) 9,000 → 9/000 9 (chín)+ 000 (nghìn) = chín nghìn

❹ 만 단위

10,000	mười nghìn / mười ngàn [므어이 응인 / 므어이 응안]
100,000	một trăm nghìn [못 짬 응인]

숫자를 끝에서부터 3개씩 끊어 읽으면 숫자 10,000은 10/0000이 되기 때문에 10을 의미하는 mười[므어이]와 숫자 0의 3개를 뜻하는 nghìn[응인]을 써서 mười nghìn[므어이 응인]이라고 말하면 됩니다.

❺ 백만 ~ 억 단위

1,000,000	một triệu [못 찌우]
10,000,000	mười triệu [므어이 찌우]
100,000,000	một trăm triệu [못 짬 찌우]

0이 6개가 되면 1/000/000[못 응인 응인]이 아니라 một triệu[못 찌우]라고 읽습니다.

03 예약하려면 꼭 알아야 하는
날짜 · 시간 읽기

01. 요일

🎧 4_04.mp3

월요일	thứ hai [트 하이]	금요일	thứ sáu [트 사우]
화요일	thứ ba [트 바]	토요일	thứ bảy [트 바이]
수요일	thứ tư [트 뜨]	일요일	chủ nhật [쭈 녓]
목요일	thứ năm [트 남]	휴일	ngày nghỉ [응아이 응이]

요일을 숫자라고 생각하고 계산하면 편합니다. 일요일을 1로 보고 월요일은 두 번째 날, 화요일은 세 번째 날, 토요일은 일곱 번째 날이 되는 것이죠. 수요일의 경우 네 번째 날이지만 순번을 셀 때의 경우 베트남에서는 4를 bốn[본]이라고 읽지 않고 tư[뜨]라고 읽어야 합니다.

02. 달력 날짜

🎧 4_05.mp3

❶ 1~12월

1월	tháng một [탕 못]	7월	tháng bảy [탕 바이]
2월	tháng hai [탕 하이]	8월	tháng tám [탕 땀]
3월	tháng ba [탕 바]	9월	tháng chín [탕 찐]
4월	tháng tư [탕 뜨]	10월	tháng mười [탕 므어이]
5월	tháng năm [탕 남]	11월	tháng mười một [탕 므어이 못]
6월	tháng sáu [탕 사우]	12월	tháng mười hai [탕 므어이 하이]

4월은 tháng bốn[탕 본]이 아니라 tháng tư[탕 뜨]입니다.

날짜·시간 읽기

❷ 1~31일

일	베트남어	일	베트남어
1일	ngày mồng một [응아이 몽 못]	17일	ngày mười bảy [응아이 므어이 바이]
2일	ngày mồng hai [응아이 몽 하이]	18일	ngày mười tám [응아이 므어이 땀]
3일	ngày mồng ba [응아이 몽 바]	19일	ngày mười chín [응아이 므어이 찐]
4일	ngày mồng bốn [응아이 몽 본]	20일	ngày hai mươi [응아이 하이 므어이]
5일	ngày mồng năm [응아이 몽 남]	21일	ngày hai mươi mốt [응아이 하이 므어이 못]
6일	ngày mồng sáu [응아이 몽 사우]	22일	ngày hai mươi hai [응아이 하이 므어이 하이]
7일	ngày mồng bảy [응아이 몽 바이]	23일	ngày hai mươi ba [응아이 하이 므어이 바]
8일	ngày mồng tám [응아이 몽 땀]	24일	ngày hai mươi tư [응아이 하이 므어이 뜨]
9일	ngày mồng chín [응아이 몽 찐]	25일	ngày hai mươi lăm [응아이 하이 므어이 람]
10일	ngày mồng mười [응아이 몽 므어이]	26일	ngày hai mươi sáu [응아이 하이 므어이 사우]
11일	ngày mười một [응아이 므어이 못]	27일	ngày hai mươi bảy [응아이 하이 므어이 바이]
12일	ngày mười hai [응아이 므어이 하이]	28일	ngày hai mươi tám [응아이 하이 므어이 땀]
13일	ngày mười ba [응아이 므어이 바]	29일	ngày hai mươi chín [응아이 하이 므어이 찐]
14일	ngày mười bốn [응아이 므어이 본]	30일	ngày ba mươi [응아이 바 므어이]
15일	ngày mười lăm [응아이 므어이 람]	31일	ngày ba mươi mốt [응아이 바 므어이 못]
16일	ngày mười sáu [응아이 므어이 사우]		

베트남은 한국과 반대로 요일, 일, 월, 연도 순으로 읽습니다.
- 예) Thứ hai, ngày 1 tháng 1 năm 2020 [트 하이, 응아이 못 탕 못 남 하이 콩 하이 므어이]
  2020년 1월 1일 월요일

날짜를 말할 때 매월 1일부터 10일까지는 〈ngày[응아이] + 숫자〉 대신, 〈ngày[응아이] + mồng[몽] + 숫자〉 표현을 씁니다.

03. 기간 · 날짜

🎧 4_06.mp3

❶ 기간

일	ngày [응아이]	주	tuần [뚜언]
달	tháng [탕]	년	năm [남]

❷ 어제, 오늘, 내일

어제	오늘	내일
hôm qua [홈 꽈]	hôm nay [홈 나이]	ngày mai [응아이 마이]
저번 주	이번 주	다음 주
tuần trước [뚜언 쯔억]	tuần này [뚜언 나이]	tuần sau [뚜언 사우]
저번 달	이번 달	다음 달
tháng trước [탕 쯔억]	tháng này [탕 나이]	tháng sau [탕 사우]
작년	올해	내년
năm ngoái [남 응와이]	năm nay [남 나이]	năm sau [남 사우]

날짜 · 시간 읽기

04. 시간

🎧 4_07.mp3

❶ 시

1시	một giờ [못 져]	7시	bảy giờ [바이 져]
2시	hai giờ [하이 져]	8시	tám giờ [땀 져]
3시	ba giờ [바 져]	9시	chín giờ [찐 져]
4시	bốn giờ [본 져]	10시	mười giờ [므어이 져]
5시	năm giờ [남 져]	11시	mười một giờ [므어이 못 져]
6시	sáu giờ [사우 져]	12시	mười hai giờ [므어이 하이 져]

❷ 분

1분	một phút [못 풋]	30분	ba mươi phút [바 므어이 풋]
5분	năm phút [남 풋]	45분	bốn mươi lăm phút [본 므어이 람 풋]
10분	mười phút [므어이 풋]	50분	năm mươi phút [남 므어이 풋]
15분	mười lăm phút [므어이 람 풋]	1시간	một tiếng [못 띠엥]

❸ 오전, 오후, 시간 단위

새벽	bình minh [빈 민]	자정	nửa đêm [느어 뎀]
오전	buổi sáng [부어이 상]	오후	buổi chiều [부어이 찌우]
정오	buổi trưa [부어이 쯔어]	저녁	buổi tối [부어이 또이]

베트남어의 경우에도 한국어와 비슷하게 시간을 말할 때 시간 뒤에 오전, 오후, 저녁, 새벽을 붙여 말하는 경우가 많습니다. 예를 들어 오전 10시는 그냥 10 giờ[므어이 져]가 아니라 10 giờ sáng[므어이 져 상], 밤 10시는 10 giờ tối[므어이 져 또이]라고 합니다.

04 알아 두면 쇼핑도 척척
화폐 읽기

화폐 단위는 베트남 동으로 Việt Nam Đồng[비엣 남 동](VND)이라고 합니다. 베트남 화폐는 동전이 없습니다.

01. 베트남 화폐 단위

🎧 4_08.mp3

1,000동	một nghìn [못 응인]	50,000동	năm mươi nghìn [남 므어이 응인]
2,000동	hai nghìn [하이 응인]	100,000동	một trăm nghìn [못 짬 응인]
5,000동	năm nghìn [남 응인]	200,000동	hai trăm nghìn [하이 짬 응인]
10,000동	mười nghìn [므어이 응인]	500,000동	năm trăm nghìn [남 짬 응인]
20,000동	hai mươi nghìn [하이 므어이 응인]		

02. 한국 원화와 베트남 동 환산 팁

한국 원화를 베트남 동으로 계산할 때: 한국(원) X 20 = 베트남(vnđ)
  예) 5,000원 X 20 = 100,000 vnđ
베트남 동을 한국 원화로 계산할 때: 베트남(vnđ) ÷ 20 = 한국(원)
  예) 500,000vnđ ÷ 20 = 25,000원

1,000	một nghìn / Một ngàn	천동 (약 50원)
10,000	mười nghìn	만동 (약 500원)
100,000	một trăm nghìn	십만동 (약 5000원)
1,000,000	một triệu	백만동 (약 5만원)

03. 현지 화폐 사용 팁

(1) 숫자는 3개씩 끊어 읽습니다. 헷갈리기 쉬우니 꼭 한 번 더 확인하세요.
(2) 화폐 단위가 크기 때문에 맨 뒤 0, 3개를 생략하고 말하는 경우가 많습니다. 마지막 0, 3개를 K로 표시하는 경우가 많습니다. 즉, một trăm[못 짬]이라고 하면, 100,000동(5,000원)입니다.
    예) 100K → 10만동 → 한화 5천원
(3) 베트남 택시의 경우 1,000동이나 2,000동 정도의 거스름돈은 주지 않는 경우가 많습니다. 또한 길거리 음식은 약 10,000동(약 500원)입니다. 그래서 택시나 길거리에서 단위가 큰 지폐를 쓰면 거스름돈을 받지 못할 수 있습니다. (호텔, 편의점, 마트 등에서 작은 단위로 교환하여 사용)

PART 5

찾아보기, 이것만은 들고 가자!

가서 보는
여행 베트남어
무작정
따라하기

01 꼭 한 번은 쓰게 되는
핵심 단어

02 꼭 한 번은 보게 되는
표지판 베트남어

03 꼭 한 번은 말하게 되는
핵심 문장 30

'기내-공항-교통-호텔-길거리-식당-쇼핑-관광-위급' 9개 상황별로 꼭 필요한 핵심 단어, 표지판 베트남어, 핵심 문장을 정리했습니다. 빠르게 찾고 쉽게 활용할 수 있습니다.

01 꼭 한 번은 쓰게 되는 기내 핵심 단어

🔊 5_01.mp3

국내선	đường bay nội địa	드엉 바이 노이 디아
기내식	đồ ăn trong máy bay	도 안 쫑 마이 바이
담요	chăn mỏng	짠 몽
면세품	đồ miễn thuế	도 미엔 퉤
면세품 구입	mua đồ miễn thuế	무어 도 미엔 퉤
목적지	điểm đến	디엠 덴
베개	gối	고이
복도 쪽, 통로 쪽	hướng hành lang	흐엉 하잉 랑
볼펜	bút bi	붓 비
비상구	cửa thoát hiểm	끄어 토앗 히엠
비즈니스석	hạng thương gia	항 트엉 지아
비행기	máy bay	마이 바이
비행기 멀미	say máy bay	싸이 마이 바이
빨대	ống hút	옹 훗
생수	nước lọc	느억 록
승무원	tiếp viên hàng không	띠엡 비엔 항 콩
식사용 테이블	bàn ăn	반 안

신문	báo	바오
안전벨트를 매다	thắt dây an toàn	탓 져이 안 또안
음료	nước ngọt	느억 응엇
이륙	cất cánh	껏 까잉
이코노미석	hạng phổ thông	항 포 통
좌석	ghế ngồi	게 응오이
좌석번호	số ghế	소 게
착륙	hạ cánh	하 까잉
창가 쪽	cạnh cửa sổ	까잉 끄어 소
창문 덮개	màn che cửa	만 째 끄어
커피	cà phê	까 페
탑승구	cửa lên	끄어 렌
탑승권	vé máy bay	배 마이 바이
헤드폰	cái tai nghe	까이 따이 응애
화장실	nhà vệ sinh	냐 베 신
휴대폰을 끄다	tắt điện thoại	땃 디엔 토와이
휴지, 냅킨	giấy ăn	져이 안

41

02 꼭 한 번은 보게 되는
기내 표지판 베트남어

🎧 5_02.mp3

01 **Cấm hút thuốc** [껌 훗 투옥] 금연

02 **Đang sử dụng** [당 스 중] 사용 중

03 **Đang trống** [당 쫑] 비어 있음

04 **Dưới ghế ngồi có áo phao an toàn.**
[즈어이 게 응오이 꼬 아오 파오 안 또안] 좌석 밑에 구명 조끼가 있습니다.

05 **Nơi để hành lý** [너이 데 하잉 리] 짐 얹는 곳

06 **Đẩy** [더이] 미세요

07 **Kéo** [깨오] 당기세요

08 **Cấm sử dụng** [껌 스 중] 사용금지

09 **Xin hãy thắt dây an toàn khi ngồi xuống.**
[신 해이 탓 저이 안 또안 키 응오이 수엉] 앉아 있을 때는 안전벨트를 하세요.

10 **Cửa thoát hiểm** [끄어 토앗 히엠] 비상구

11 **Mặt nạ thở ôxy** [맛 나 터 옥시] 산소 마스크

12 **Xin hãy bỏ rác vào đây.** [신 해이 버 작 바오 더이]
쓰레기는 여기에 버리세요.

13 **Xin hãy quay về chỗ ngồi.** [신 해이 꿰이 베 쪼 응오이]
자리로 돌아가세요.

03 꼭 한 번은 말하게 되는
기내 핵심 문장 30

 5_03.mp3

01. 자리

제 **자리**에 앉으신 것 같은데요.
Hình như chị đã ngồi nhầm chỗ của tôi rồi.
[힌 뉴 찌 다 응오이 념 쪼 꾸아 또이 조이]

자리를 바꿔 주실 수 있나요?
Anh có thể đổi chỗ cho tôi được không ạ?
[아잉 꼬 테 도이 쪼 쪼 또이 드억 콩 아]

죄송해요, 제가 잘못 **앉았네요**.
Xin lỗi, tôi đã ngồi nhầm chỗ rồi.
[신 로이, 또이 다 응오이 념 쪼 조이]

자리를 발로 차지 마세요.
Xin đừng đá chân vào ghế.
[신 등 다 쩐 바오 게]

발 좀 **내려** 주세요.
Xin hãy bỏ chân xuống.
[신 해이 버 쩐 수엉]

지나가도 될까요?
Tôi đi qua được không ạ?
[또이 디 꽈 드억 콩 아]

짐을 **여기**에 둬도 되나요?
Tôi để hành lý ở đây được không ạ?
[또이 데 하잉 리 어 더이 드억 콩 아]

짐 넣을 **공간**이 없어요.
Không có chỗ để hành lý ạ.
[콩 꼬 쪼 데 하잉 리 아]

기내 핵심 문장 30

02. 먹을 것과 마실 것

식사는 몇 시에 나옵니까?
Mấy giờ thì có đồ ăn ạ?
[머이 져 티 꼬 도 안 아]

식사는 나중에 가능할까요?
Tôi ăn sau có được không ạ?
[또이 안 사우 꼬 드억 콩 아]

저는 **식사**를 안 할 거예요.
Tôi không ăn.
[또이 콩 안]

어떤 **음료**가 있나요?
Có những loại đồ uống nào?
[꼬 늉 로와이 도 우옹 나오]

커피 좀 주세요.
Cho tôi một cốc **cà phê** ạ.
[쪼 또이 못 꼭 까 페 아]

• **nước**[느억] 물, **sinh tố**[신 또] 주스, **bia**[비아] 맥주

이것 좀 **치워** 주세요.
Xin hãy dọn giúp tôi.
[신 해이 죤 줍 또이]

지금 기내식을 주문해도 되나요?
Bây giờ tôi gọi đồ ăn trong máy bay được không ạ?
[버이 져 또이 고이 도 안 쫑 마이 바이 드억 콩 아]

물은 얼마인가요? (LCC 탑승 시)
Nước bao nhiêu tiền ạ?
[느억 바오 니우 띠엔 아]

03. 기내 서비스 요청하기

안전벨트가 고장 났어요.
Dây an toàn hỏng rồi ạ.
[져이 안 또안 홍 조이 아]

• **cái tai nghe**[까이 따이 응애] 헤드폰, **cái điều khiển**[까이 디우 키엔] 리모컨

물 한 잔만 주세요.
Xin cho tôi 1 cốc nước ạ.
[신 쪼 또이 못 꼭 느억 아]

볼펜을 빌려주실 수 있으세요?
Chị có thể cho tôi mượn 1 cái bút bi được không ạ?
[찌 꼬 테 쪼 또이 므언 못 까이 붓 비 드억 콩 아]

휴지 좀 주세요.
Xin cho tôi 1 chút giấy vệ sinh.
[신 쪼 또이 못 쭛 져이 베 신]

한국 신문 있나요?
Có báo Hàn Quốc không ạ?
[꼬 바오 한 꿕 콩 아]

담요 한 장을 더 주시겠어요?
Cho tôi thêm 1 cái chăn mỏng được không ạ?
[쪼 또이 템 못 까이 짠 몽 드억 콩 아]

면세품을 주문하고 싶어요.
Tôi muốn đặt đồ miễn thuế.
[또이 무언 닷 도 미엔 퉤]

기내 핵심 문장 30

04. 기타 상황

짐 꺼내는 것 좀 도와주세요.
Xin hãy giúp tôi lấy hành lý xuống ạ.
[신 해이 줍 또이 러이 하잉 리 수엉 아]

현지 시간은 어떻게 됩니까?
Giờ địa phương là mấy giờ ạ?
[져 디아 프엉 라 머이 져 아]

조용히 좀 해 주세요.
Xin hãy giữ yên lặng.
[신 해이 쥬 옌 랑]

비행기 **멀미**가 나요.
Tôi bị say máy bay.
[또이 비 싸이 마이 바이]

조명을 어떻게 끄나요?
Tắt đèn như thế nào ạ?
[땃 댄 뉴 테 나오 아]

도착하려면 시간이 얼마나 남았나요?
Còn bao lâu thì đến nơi ạ?
[꼰 바오 러우 티 덴 너이 아]

언제 **출발**하나요?
Khi nào sẽ xuất phát ạ?
[키 나오 쌔 수엇 팟 아]

04 꼭 한 번은 쓰게 되는
공항 핵심 단어

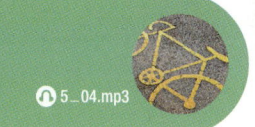

가방을 찾다	lấy hành lý / tìm hành lý	러이 하잉 리 / 띰 하잉 리
경유	quá cảnh	꽈 까잉
공항버스	xe buýt sân bay	쌔 부잇 선 바이
공항 터미널	nhà ga sân bay	냐 가 선 바이
관광	du lịch	쥬 릭
국제선 도착	quốc tế đến	꿕 떼 덴
국제선 출발	quốc tế đi	꿕 떼 디
노트북	laptop	랩똡
면세점	cửa hàng miễn thuế	끄어 항 미엔 퉤
면세품	đồ miễn thuế	도 미엔 퉤
무게 제한	mức cân quy định	믁 껀 뀌 딘
무게 초과	quá cân	꽈 껀
배터리	pin	핀
보안 검색	kiểm tra bảo an	끼엠 짜 바오 안
비자	visa / thị thực	비자 / 티 특
세관	thuế quan	퉤 꽌
안내 데스크	quầy hướng dẫn	꿔이 흐엉 전
액체	chất lỏng	쩟 롱

47

공항 핵심 단어

여권	hộ chiếu	호 찌우
연착하다	hạ cánh muộn	하 까잉 무언
유심카드 사는 곳	nơi mua sim	너이 무어 심
입국 목적	mục đích nhập cảnh	묵 딕 녑 까잉
입국 심사	kiểm tra nhập cảnh	끼엠 짜 녑 까잉
좌석번호	số ghế	소 게
지연되다	bị hoãn / bị trễ / bị delay	비 호안 / 비 쩨 / 비 딜레이
짐 싣는 카트	xe đẩy hành lý	쌔 더이 하잉 리
짐, 수하물	hành lý	하잉 리
초과하다	quá tải	꽈 따이
촬영 금지	cấm quay phim	껌 꿰이 핌
탑승 시간	giờ lên máy bay	져 렌 마이 바이
탑승구, 게이트	cửa lên máy bay	끄어 렌 마이 바이
탑승권	thẻ lên máy bay	태 렌 마이 바이
파손 주의 물건	hàng dễ vỡ	항 제 버
항공사	hãng hàng không	항 항 콩
항공사 카운터	quầy làm thủ tục của hãng hàng không	꿔이 람 투 뚝 꾸아 항 항 콩
환율	tỉ giá	띠 지아
환전	đổi tiền	도이 띠엔

05 꼭 한 번은 보게 되는
공항 표지판 베트남어

01 Xuất cảnh [수엇 까잉] 출국

02 Nhập cảnh [녑 까잉] 입국

03 Đường bay nội địa [드엉 바이 노이 디아] 국내선

04 Đường bay quốc tế [드엉 바이 꿕 떼] 국제선

05 Đổi chuyến [도이 쭈엔] 환승

06 Chuyến bay nối tiếp [쭈엔 바이 노이 띠엡] 환승 비행기

07 Nơi lấy hành lý [너이 러이 하잉 리] 가방 찾는 곳

08 Kiểm tra nhập cảnh [끼엠 짜 녑 까잉] 입국 심사

09 Chủ sở hữu hộ chiếu ngoại quốc [쭈 소 후 호 찌우 옹와이 꿕]
　　　　　　　　　　　　　　　　　　　　　외국 여권 소지자

10 Khai báo hải quan [카이 바오 하이 꽌] 세관 신고

11 Đồ bị hạn chế [도 비 한 쩨] 제한 물건

12 Xin hãy cho tôi xem vé máy bay chiều về.
　　[신 해이 쪼 또이 쌤 배 마이 바이 찌우 베] 귀국 비행기 표를 보여 주세요.

13 Nơi kiểm tra bảo an [너이 끼엠 짜 바오 안] 보안 검색하는 곳

14 Cấp visa tại chỗ [껍 비자 따이 쪼] 랜딩 비자

06 꼭 한 번은 말하게 되는
공항 핵심 문장 30

🎧 5_06.mp3

01. 공항에서 위치 물어보기

베트남 항공 수속 카운터는 어디에 있나요?
Quầy làm thủ tục của Vietnam Airlines ở đâu ạ?
[꿔이 람 투 뚝 꾸아 비엣남 에얼라인 어 더우 아]

호찌민 가는 항공편은 몇 번 게이트에서 탑승해야 하나요?
Tôi phải lên cửa số mấy để đi Thành Phố Hồ Chí Minh ạ?
[또이 파이 렌 끄어 소 머이 데 디 타잉 포 호 찌 민 아]

02. 체크인

좌석을 변경할 수 있나요?
Tôi có thể đổi ghế ngồi được không ạ?
[또이 꼬 테 도이 게 응오이 드억 콩 아]

창가 자리로 주세요.
Xin cho tôi chỗ ngồi ở cạnh cửa sổ.
[신 쪼 또이 쪼 응오이 어 까잉 끄어 소]

• chỗ cửa thoát hiểm [쪼 끄어 토왓 히엠] 비상구 자리

짐은 2개입니다.
Tôi có 2 hành lý.
[또이 꼬 하이 하잉 리]

기내에는 몇 킬로그램까지 가지고 탈 수 있나요?
Hành lý xách tay được bao nhiêu cân ạ?
[하잉 리 싸익 따이 드억 바오 니어우 껀 아]

수하물 추가 요금은 어디서 계산하나요?
Tiền nộp thêm hành lý thanh toán ở đâu ạ?
[띠엔 놉 템 하잉 리 타잉 또안 어 더우 아]

수하물은 몇 킬로그램까지 무료인가요?
Hành lý ký gửi được miễn phí bao nhiêu cân ạ?
[하잉 리 끼 그이 드억 미엔 피 바오 니우 껀 아]

이 가방은 기내에 가지고 타도 되죠?
Tôi có thể mang theo cặp này lên máy bay không ạ?
[또이 꼬 테 망 태오 깝 나이 렌 마이 바이 콩 아]

짐 안에 노트북이 들어 있어요.
Ở trong hành lý có laptop.
[어 쫑 하잉 리 꼬 랩똡]

베트남에 7일 있을 예정입니다.
Tôi định ở Việt Nam 7 ngày.
[또이 딘 어 비엣 남 바이 응아이]

비행기를 놓쳤어요.
Tôi bị nhỡ máy bay rồi.
[또이 비 뇨 마이 바이 조이]

가장 빠른 비행기를 예약하고 싶어요.
Tôi muốn đặt vé chuyến sớm nhất.
[또이 무언 닷 배 쭈엔 섬 녓]

항공 예약을 변경하고 싶어요.
Tôi muốn đổi vé.
[또이 무언 도이 배]

변경 수수료는 얼마인가요?
Tiền phí phát sinh là bao nhiêu ạ?
[띠엔 피 팟 신 라 바오 니우 아]

공항 핵심 문장 30

03. 출입국 심사, 세관 검사, 수하물 찾기

한국 사람입니다.
Tôi là người Hàn Quốc.
[또이 라 응어이 한 꿕]

돌아가는 비행기 표를 가지고 있어요.
Tôi có vé máy bay chiều về.
[또이 꼬 배 마이 바이 찌우 베]

신발도 벗어야 하나요?
Có phải bỏ giày ra không ạ?
[꼬 파이 버 쟈이 자 콩 아]

신고할 물건은 없습니다.
Tôi không có món đồ khai báo.
[또이 콩 꼬 몬 도 카이 바오]

비자를 인터넷으로 받았어요.
Tôi đã nhận visa qua internet.
[또이 다 년 비자 꽈 인터넷]

베트남에 여행으로 왔습니다.
Tôi đến Việt Nam du lịch ạ.
[또이 덴 비엣 남 쥬 릭 아]

제 짐이 아직 도착하지 않았어요.
Hành lý của tôi vẫn chưa thấy.
[하잉 리 꾸아 또이 번 쯔어 터이]

04. 공항에 문의하기

관광 안내소는 어디에 있습니까?

Điểm hướng dẫn du lịch ở đâu ạ?
[디엠 흐엉 전 쥬 릭 어 더우 아]

시내로 가는 버스는 어디서 타나요?
Tôi có thể bắt xe buýt đi vào thành phố ở đâu ạ?
[또이 꼬 테 밧 쌔 부잇 디 바오 타잉 포 어 더우 아]

• Taxi[딱씨] 택시

유심 칩이 필요합니다.
Tôi cần sim.
[또이 껀 심]

환전은 어디서 하나요?
Tôi có thể đổi tiền ở đâu ạ?
[또이 꼬 테 도이 띠엔 어 더우 아]

시내까지는 얼마나 걸리나요?
Đi đến nội thành mất bao lâu?
[디 덴 노이 타잉 멋 바오 러우]

비행기가 지연되었나요?
Máy bay bị delay ạ?
[마이 바이 비 딜레이 아]

05. 공항에서 택시·버스 타기

사이공 호텔로 가 주세요.
Tôi muốn đi Hotel Saigon.
[또이 무언 디 호텔 사이곤]

6인승 택시를 불러 주세요.
Gọi giúp tôi xe taxi 6 chỗ.
[고이 즙 또이 쌔 딱씨 사우 쪼]

53

07 꼭 한 번은 쓰게 되는 교통 핵심 단어

(~로) 가다	đi đến ~	디 덴
갈아타다	đổi chuyến	도이 쭈엔
거스름돈	tiền thừa	띠엔 트어
골목길	ngõ hẻm	응오 햄
교통 체증	tắc nghẽn giao thông	딱 응옌 쟈오 통
기차 지연	tàu đến trễ	따우 덴 쩨
내리다	xuống	수옹
내비게이션	phần mềm dẫn đường	펀 멤 전 드엉
대중교통	phương tiện giao thông công cộng	프엉 띠엔 쟈오 통 꽁 꽁
도착 시간	thời gian đến	터이 지안 덴
뒷자리	ghế sau	게 사우
마스크	khẩu trang	커우 짱
막차	chuyến xe cuối	쭈엔 쌔 꾸이
만석	hết chỗ	헷 쪼
맞은편	đối diện	도이 지엔
매표소	nơi bán vé	너이 반 배
반대 방향	hướng ngược lại	흐엉 응윽 라이
배	tàu	따우

버스	xe buýt	쌔 부잇
보트	thuyền	투이엔
사고	tai nạn	따이 난
소요 시간	thời gian cần thiết	터이 지안 껀 티엣
시간표	bảng thời gian	방 터이 지안
시클로	xích lô	씩 로
심야 운임	xe chạy đêm	쌔 짜이 뎀
옆	bên cạnh	벤 까잉
예약석	chỗ đặt trước	쪼 닷 쯔억
오토바이	xe máy	쌔 마이
오토바이 주차장	bãi đỗ xe máy	바이 도 쌔 마이
오토바이 택시	xe ôm	쌔 옴
오토바이 투어	tour xe máy	투어 쌔 마이
왕복	khứ hồi	크 호이
요금	tiền phí	띠엔 피
우버	grab	그랩
운전기사	người lái xe / tài xế	응어이 라이 쌔 / 따이 쌔
운행하지 않음	xe không chạy	쌔 콩 짜이

교통 핵심 단어

자리에 앉다	ngồi vào chỗ	응오이 바오 쪼
자전거	xe đạp	쌔 답
잔돈	tiền lẻ	띠엔 래
정각에	đúng giờ	둥 져
정류장	bến xe	벤 쌔
좌석 버스	ghế xe buýt	게 쌔 부잇
주유소	cây xăng	꺼이 쌍
창문을 내리다	hạ cửa sổ xe	하 끄어 소 쌔
출구	cửa ra	끄어 자
출발 시간	giờ xuất phát	져 수엇 팟
침대 버스	xe giường nằm	쌔 즈엉 남
침대 칸 (기차)	khoang giường nằm	코앙 즈엉 남
타다	lên	렌
택시	taxi	딱씨
택시 승강장	bến xe taxi	벤 쌔 딱씨
편도	một chiều	못 찌우
헬멧	mũ bảo hiểm	무 바오 히엠
휴게소	trạm dừng chân	짬 증 쩐

08 꼭 한 번은 보게 되는
교통 표지판 베트남어

🎧 5_08.mp3

01 **Cấm xe ô tô** [껌 쌔 오 또]   자동차 진입 금지

02 **Cấm xe máy** [껌 쌔 마이]   오토바이 진입 금지

03 **Đường một chiều** [드엉 못 찌우]   일방통행

04 **Hạn chế tốc độ** [한 쩨 똑 도]   속도 제한

05 **Xin hãy rẽ phải** [신 해이 재 파이]   우회전하세요

06 **Xin hãy rẽ trái** [신 해이 재 짜이]   좌회전하세요

07 **Xin hãy dừng lại** [신 해이 증 라이]   멈추시오

08 **Đường dành cho ô tô** [드엉 자잉 쪼 오 또]   자동차 전용도로

09 **Đường dành cho xe máy** [드엉 자잉 쪼 쌔 마이]   오토바이 전용도로

10 **Bến xe buýt** [벤 쌔 부잇]   버스 정류소

11 **Trạm cảnh sát giao thông** [짬 까잉 삿 쟈오 통]   교통 지구대

12 **Tốc độ tối đa** [똑 도 또이 다]   최대 속도

13 **Cấm đỗ xe** [껌 도 쌔]   정차 금지

09 꼭 한 번은 말하게 되는
교통 핵심 문장 30

🔊 5_09.mp3

01. 버스를 탈 때

벤탄 시장까지 가는 버스 맞나요?
Có đi đến Chợ Bến Thành không ạ?
[꼬 디 덴 쩌 벤 타잉 콩 아]

공항버스 요금이 얼마예요?
Tiền xe buýt sân bay là bao nhiêu ạ?
[띠엔 쌔 부잇 선 바이 라 바오 니우 아]

여기서 내려 주세요.
Xin cho tôi xuống đây.
[신 쪼 또이 수엉 더이]

달랏에 가는 버스는 언제 오나요?
Khi nào xe buýt đi Đà Lạt đến ạ?
[키 나오 쌔 부잇 디 다 랏 덴 아]

02. 택시를 탈 때

(주소를 보여 주며) 여기로 가 주세요.
Xin cho tôi đến chỗ này.
[신 쪼 또이 덴 쪼 나이]

공항까지 가 주세요.
Xin cho tôi đến sân bay.
[신 쪼 또이 덴 선 바이]

• đường bay nội địa[드엉 바이 노이 디아] 국내선, đường bay quốc tế[드엉 바이 꾁 떼] 국제선

에어컨 좀 켜 주세요.
Xin hãy bật điều hòa ạ.
[신 해이 벗 디우 화 아]

• tắt[땃] 끄다

여기서 잠깐만 기다려 주세요.
Xin hãy đợi ở đây một chút ạ.
[신 해이 더이 어 더이 못 쭛 아]

기사님, 빨리 가 주세요.
Anh ơi, xin đi nhanh giúp tôi ạ.
[아잉 어이, 신 디 냐잉 즙 또이 아]

구글맵을 따라 가 주세요.
Xin hãy đi theo bản đồ Google.
[신 해이 디 태오 반 도 구글]

호텔까지 얼마나 걸리나요?
Đi đến khách sạn mất bao lâu ạ?
[디 덴 카익 산 멋 바오 러우 아]

잔돈이 없어요.
Tôi không có tiền lẻ.
[또이 콩 꼬 띠엔 래]

영수증 주세요.
Xin cho tôi hóa đơn.
[신 쪼 또이 화 던]

카드로 결제 가능한가요?
Thanh toán bằng thẻ được không ạ?
[타잉 또안 방 태 드억 콩 아]

거스름돈을 잘못 주셨어요.
Anh đưa nhầm tiền thừa rồi ạ.
[아잉 드어 념 띠엔 트어 조이 아]

교통 핵심 문장 30

저기서 좌회전해 주세요.
Đến kia rẽ trái giúp tôi ạ.
[덴 끼아 재 짜이 쥽 또이 아]

• rẽ phải[재 파이] 우회전

비나선이나 마이린 택시를 잡아 주세요.
Xin hãy bắt giúp tôi taxi vinasun hoặc mailinh.
[신 해이 밧 쥽 또이 딱씨 비나썬 호악 마이린]

호이안까지 가는 택시를 하루 동안 대절하는 데 얼마인가요?
Thuê xe taxi đi đến Hội An mất bao nhiêu tiền một ngày?
[퉤 쌔 딱씨 디 덴 호이 안 멋 바오 니우 띠엔 못 응아이]

03. 슬리핑 버스를 예약할 때

슬리핑 버스를 예약하고 싶어요.
Tôi muốn thuê xe giường nằm.
[또이 무언 퉤 쌔 즈엉 남]

1층으로 예약해 주세요.
Cho tôi ghế ở tầng 1. [쪼 또이 게 어 떵 못]

• tầng 2[떵 하이] 2층

냐짱 가는 슬리핑 버스 두 자리 주세요.
Cho tôi 2 vé giường nằm đi đến Nha Trang.
[쪼 또이 하이 배 즈엉 남 디 덴 냐 짱]

몇 시까지 터미널로 오면 될까요?
Đến khi nào mình nên đến bến xe ạ?
[덴 키 나오 민 넨 덴 벤 쌔 아]

화장실이 급해요.
Tôi muốn đi vệ sinh gấp.
[또이 무언 디 베 신 겁]

휴게소는 언제 도착하나요?
Khi nào đến trạm dừng chân ạ?
[키 나오 덴 짬 증 쩐 아]

자리 좀 확인해 주세요.
Xin hãy kiểm tra chỗ ngồi giúp tôi.
[신 해이 끼엠 짜 쪼 응오이 줍 또이]

버스 시간표 좀 주세요.
Xin cho tôi xem bảng thời gian xe buýt.
[신 쪼 또이 쌤 방 터이 지안 쌔 부잇]

호찌민행 버스는 언제 오나요?
Xe buýt đi tới TP Hồ Chí Minh khi nào đến ạ?
[쌔 부잇 디 떠이 타잉포 호 찌 민 키 나오 덴 아]

04. 기타 상황

(그랩 이용 시) **목적지를 잘못 입력했어요.**
Tôi đã nhập sai điểm đến rồi ạ.
[또이 다 녑 사이 디엠 덴 조이 아]

(그랩 오토바이 이용 시) **너무 빨라요**, 천천히 가 주세요.
Nhanh quá, xin đi chậm thôi ạ.
[냐잉 꽈, 신 디 쩜 토이 아]

기차표는 어디서 구입하나요?
Tôi có thể mua vé tàu ở đâu ạ?
[또이 꼬 테 무어 배 따우 어 더우 아]

10 꼭 한 번은 쓰게 되는 호텔 핵심 단어

객실 요금	tiền phòng	띠엔 퐁
고장	hỏng	홍
금고	két sắt	깻 쌋
금연실	phòng cấm hút thuốc	퐁 껌 훗 투옥
냉장고	tủ lạnh	뚜 라잉
드라이어	máy sấy tóc	마이 써이 똑
뜨거운 물, 온수	nước nóng	느억 농
루프톱 바	bar ngoài trời / rooftop bar	바 응와이 쩌이 / 루프탑 바
룸 서비스	dịch vụ phòng	직 부 퐁
리모컨	điều khiển	디우 키엔
모닝콜	cuộc gọi báo thức	꾸옥 고이 바오 특
무료의	không mất phí	콩 멋 피
무선 인터넷	WiFi	와이파이
방문이 잠겨 들어가지 못하다	cửa phòng khóa nên không vào được	끄어 퐁 코와 넨 콩 바오 드억
방 청소 서비스	dịch vụ dọn phòng	직 부 죤 퐁
방 키	chìa khóa phòng	찌아 코와 퐁
방해하다	làm phiền	람 피엔

베개	gối	고이
보증금, 디파짓	tiền cọc	띠엔 꼭
빨래	giặt ủi	지앗 우이
셔틀버스	xe buýt	쌔 부잇
수건	khăn tắm	칸 땀
수영장	bể bơi	베 버이
스위트 룸	phòng suite	퐁 스윗
스파	spa	스파
식권	phiếu ăn	피우 안
실내화	dép đi trong nhà	잽 디 쫑 냐
싱글 룸	phòng đơn	퐁 던
에어컨	điều hòa	디우 화
엘리베이터	cầu thang máy	꺼우 탕 마이
예약	đặt	닷
와이파이 비밀번호	mật khẩu wifi	멋 커우 와이파이
욕조	bồn tắm	본 땀
운영 시간	thời gian mở cửa	터이 지안 머 끄어

호텔 핵심 단어

유료	có mất phí	꼬 멋 피
작동하지 않는	không chạy	콩 짜이
조식	bữa sáng	브어 상
직원	nhân viên	년 비엔
창문	cửa sổ	끄어 소
체크아웃	trả phòng / check-out	짜 퐁 / 체크아웃
체크인	nhận phòng / check-in	년 퐁 / 체크인
추가 요금	phụ phí	푸 피
치약	kem đánh răng	깸 다잉 장
침대를 정돈하다	dọn dẹp giường	존 잽 즈엉
칫솔	bàn chải đánh răng	반 짜이 다잉 장
커피 메이커	máy pha cà phê	마이 파 까 페
텔레비전	ti-vi	띠비
투어 프로그램	chương trình tour	쯔엉 찐 투어
트윈 룸	phòng đôi	퐁 도이
필요하다	cần	껀
호텔 프런트	quầy lễ tân khách sạn	꿔이 레 떤 카익 산
화장지	giấy vệ sinh	져이 베 신

11 꼭 한 번은 보게 되는
호텔 표지판 베트남어

 5_11.mp3

01 Quầy lễ tân [꿔이 레 떤]   프런트 데스크

02 Cửa thoát hiểm [끄어 토앗 히엠]   비상구

03 Cầu thang [꺼우 탕]   계단

04 Dành riêng cho khách hàng [자잉 지엥 쪼 카익 항]   호텔 고객 전용

05 Dành riêng cho nhân viên [자잉 지엥 쪼 년 비엔]   호텔 직원 전용

06 Xin đừng làm phiền. [신 등 람 피엔]   방해하지 마세요.

07 Xin hãy dọn phòng giúp tôi. [신 해이 존 퐁 줍 또이]
방을 정돈해 주세요.

08 Bể bơi [베 버이]   수영장

09 Nhà ăn [냐 안]   식당

10 Phòng tập gym [퐁 떱 짐]   헬스클럽

11 Ban công [반 꽁]   발코니

12 Nếu có gì thắc mắc xin hãy hỏi nhân viên lễ tân.
[네우 꼬 지 탁 막 신 해이 호이 년 비엔 레 떤]
추가 문의 사항은 직원에게 문의해 주세요.

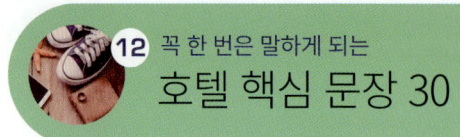

12 꼭 한 번은 말하게 되는 호텔 핵심 문장 30

🎧 5_12.mp3

01. 체크인·체크아웃 하기

오션뷰 있나요?
Có view nhìn ra biển không ạ?
[꼬 뷰 닌 자 비엔 콩 아]

하룻밤에 얼마예요?
Một đêm bao nhiêu tiền ạ?
[못 뎀 바오 니우 띠엔 아]

트윈 베드가 있는 방을 예약해 주세요.
Hãy đặt giúp tôi phòng có 2 giường đơn.
[해이 닷 즙 또이 퐁 꼬 하이 즈엉 던]

얼리 체크인 가능한가요?
Có thể check-in sớm được không ạ?
[꼬 테 체크인 섬 드억 콩 아]

체크인 부탁합니다.
Tôi muốn check-in ạ.
[또이 무언 체크인 아]

체크아웃 시간은 몇 시인가요?
Giờ check-out là mấy giờ ạ?
[져 체크아웃 라 머이 져 아]

체크아웃 후 짐을 보관할 수 있나요?
Sau khi check-out có thể gửi đồ ở đây được không ạ?
[사우 키 체크아웃 꼬 테 그이 도 어 더이 드억 콩 아]

예약을 안 했는데요, 빈방 있나요?
Tôi chưa đặt trước, còn phòng trống không ạ?
[또이 쯔어 닷 쯔억, 꼰 퐁 쫑 콩 아]

하룻밤 더 묵고 싶은데요.
Tôi muốn ở lại một đêm nữa.
[또이 무언 어 라이 못 뎀 느어]

객실을 볼 수 있을까요?
Tôi có thể xem phòng được không ạ?
[또이 꼬 테 쌤 퐁 드억 콩 아]

02. 시설·서비스 이용하기

호텔 근처에 가 볼 만한 곳을 추천해 주세요.
Xin hãy giới thiệu cho tôi mấy chỗ đáng đi gần khách sạn ạ.
[신 해이 져이 티우 쪼 또이 머이 쪼 당 디 건 카익 산 아]

와이파이 비밀번호는 뭔가요?
Mật khẩu wifi là gì ạ?
[멋 커우 와이파이 라 지 아]

루프톱 바는 몇 시까지 이용이 가능한가요?
Bar ngoài trời mở cửa đến mấy giờ ạ?
[바 응와이 쩌이 머 끄어 덴 머이 져 아]

조식은 몇 시부터 몇 시까지인가요?
Bữa sáng từ mấy giờ đến mấy giờ ạ?
[브어 상 뜨 머이 져 덴 머이 져 아]

택배를 받아 주실 수 있나요?
Có thể nhận đồ giúp tôi được không ạ?
[꼬 테 년 도 쥽 또이 드억 콩 아]

호텔 핵심 문장 30

투어 예약을 해 주실 수 있나요?
Có thể đặt tour giúp tôi được không ạ?
[꼬 테 닷 투어 즙 또이 드억 콩 아]

스파는 몇 층에 있어요?
Spa ở tầng mấy ạ?
[스파 어 떵 머이 아]

이 근처에 **편의점** 있나요?
Ở gần đây có cửa hàng tạp hóa không ạ?
[어 건 더이 꼬 끄어 항 땁 화 콩 아]

룸 서비스 부탁합니다.
Xin cho tôi đăng ký dịch vụ phòng.
[신 쪼 또이 당 끼 직 부 퐁]

모닝콜 가능한가요?
Có dịch vụ cuộc gọi báo thức không ạ?
[꼬 직 부 꾸옥 고이 바오 특 콩 아]

03. 불편사항 말하기

방 좀 **바꿔** 주세요.
Xin đổi cho tôi phòng khác.
[신 도이 쪼 또이 퐁 칵]

담배 냄새가 심하게 나요.
Mùi thuốc lá nặng quá ạ.
[무이 투옥 라 낭 꽈 아]

방에 **수건**이 없어요.
Trong phòng không có khăn tắm.
[쫑 퐁 콩 꼬 칸 땀]

카드 키를 잃어버렸어요.
Tôi làm mất thẻ phòng rồi ạ.
[또이 람 멋 태 퐁 조이 아]

방에 키를 **두고 나왔어요**.
Tôi để quên chìa khóa trong phòng.
[또이 데 꾸엔 찌아 코아 쫑 퐁]

세탁 서비스가 있나요?
Có dịch vụ giặt ủi không ạ?
[꼬 직 부 지앗 우이 콩 아]

제 방에서 **여권이 분실된 것** 같아요.
Hình như tôi bị mất hộ chiếu ở trong phòng.
[힌 뉴 또이 비 멋 호 찌우 어 쫑 퐁]

에어컨이 고장 났어요.
Điều hòa bị hỏng rồi ạ.
[디우 화 비 홍 조이 아]

• **máy sấy tóc**[마이 써이 똑] 드라이기

객실이 **더러워요**. 객실을 청소해 주시겠어요?
Phòng bẩn quá. Có thể dọn phòng giúp tôi được không ạ?
[퐁 번 꽈. 꼬 테 존 퐁 즙 또이 드억 콩 아]

뜨거운 물이 안 나와요.
Không có nước nóng ạ.
[콩 꼬 느억 농 아]

13 꼭 한 번은 쓰게 되는
길거리 핵심 단어

🎧 5_13.mp3

거리	phố	포
경비원	bảo vệ	바오 베
골목	ngõ	응오
공안, 경찰서	công an	꽁 안
공원	công viên	꽁 비엔
교회	nhà thờ	냐 터
근처	gần đây	건 더이
길거리 식당	quán vỉa hè	꽌 비아 해
길을 건너다	đi sang đường	디 상 드엉
다리	cầu	꺼우
대사관	đại sứ quán	다이 스 꽌
대성당	thánh đường	타잉 드엉
동네	làng / xóm	랑 / 솜
박물관	bảo tàng	바오 땅
백화점	trung tâm thương mại	쭝 떰 트엉 마이
병원	bệnh viện	벤 비엔
사진관	hiệu ảnh / studio	히우 아잉 / 스튜디오

산	núi	누이
산책	đi dạo	디 자오
서점	hiệu sách	히우 싸익
슈퍼	siêu thị	시우 티
시장	chợ	쩌
식당	quán ăn	꽌 안
신호등	đèn giao thông	댄 쟈오 통
쓰레기통	thùng rác	퉁 작
약국	hiệu thuốc	히우 투옥
ATM	cây ATM	꺼이 에이티엠
영화관	rạp phim	잡 핌
우체국	bưu điện	부 디엔
위험	nguy hiểm	응위 히엠
유치원	trường mầm non	쯔엉 멈 논
은행	ngân hàng	응언 항
일방통행	đường một chiều	드엉 못 찌우
절	chùa	쭈어

길거리 핵심 단어

주소	địa chỉ	디아 찌
주차장	bãi đỗ xe	바이 도 쌔
직진하다	đi thẳng	디 탕
진입 금지	cấm vào	껌 바오
출구	lối ra	로이 자
카페	quán cà phê	꽌 까 페
테니스장	sân tennis	선 테니
편의점	cửa hàng tiện lợi	끄어 항 띠엔 러이
피시방	quán net / quán game	꽌 넷 / 꽌 게임
학교	trường học	쯔엉 혹
한국 음식점	quán Hàn	꽌 한
항구	cảng	깡
호스텔	nhà khách	냐 카익
호텔	khách sạn	카익 산

14 꼭 한 번은 보게 되는
길거리 표지판 베트남어

🎧 5_14.mp3

01	Nguy hiểm [응위 히엠]	위험
02	Cấm quay phim chụp ảnh [껌 꿰이 핌 쭙 아잉]	사진 촬영 금지
03	Cấm xe máy ra vào [껌 쌔 마이 자 바오]	오토바이 출입 금지
04	Chú ý [쭈 이]	주의
05	Đang kiểm tra [당 끼엠 짜]	점검 중
06	Đang thi công [당 티 꽁]	공사 중
07	Đường một chiều [드엉 못 찌우]	일방통행
08	Cấm hút thuốc [껌 훗 투옥]	흡연 금지

15 꼭 한 번은 말하게 되는
길거리 핵심 문장 30

5_15.mp3

01. 길 물어보기

말씀 좀 여쭐게요.
Xin cho hỏi một chút.
[신 쪼 호이 못 쭛]

득바 성당까지 어떻게 가는지 아시나요?
Đi đến nhà thờ Đức Bà như thế nào ạ?
[디 덴 냐 터 득 바 뉴 테 나오 아]

얼마나 걸릴까요?
Mất bao lâu ạ?
[멋 바오 러우 아]

이 거리의 이름은 뭔가요?
Đường này tên là gì ạ?
[드엉 나이 뗀 라 지 아]

베트남 커피를 살 수 있는 곳이 어디 있을까요?
Ở đâu bán cà phê Việt Nam ạ?
[어 더우 반 까 페 비엣 남 아]

근처에 예쁜 카페가 있나요?
Ở gần đây có quán cà phê nào đẹp không ạ?
[어 건 더이 꼬 꽌 까 페 나오 댑 콩 아]

걸어서 갈 수 있나요?
Có thể đi bộ được không ạ?
[꼬 테 디 보 드억 콩 아]

여기가 어디예요?
Đây là đâu ạ? [더이 라 더우 아]

다이아몬드 플라자에 가기 위해 가장 좋은 방법은 무엇입니까?
Làm thế nào để đi đến Diamond Plaza một cách tiện nhất ạ?
[람 테 나오 데 디 덴 다이아몬드 플라자 못 까익 띠엔 녓 아]

큰 병원은 몇 군에 있나요?
Bệnh viện lớn ở quận mấy ạ?
[벤 비엔 런 어 꿘 머이 아]

네일 샵은 몇 번째 골목에 있나요?
Tiệm nail ở ngõ thứ mấy ạ?
[띠엠 네일 어 응오 트 머이 아]

근처에 제일 시원한 곳은 어디인가요?
Ở gần đây có chỗ nào mát mẻ không ạ?
[어 건 더이 꼬 쪼 나오 맛 매 콩 아]

여기서 오른쪽으로 가야 하나요?
Rẽ phải đúng không ạ?
[재 파이 둥 콩 아]

• rẽ trái [재 짜이] 좌회전

02. 위치 물어보기

벤탄 시장 동문은 어디인가요?
Cửa đông chợ Bến Thành ở đâu ạ?
[끄어 동 쩌 벤 타잉 어 더우 아]

호안끼엠 호수는 어느 쪽으로 가야 나오나요?
Hồ Hoàn Kiếm đi hướng nào ạ?
[호 호안 끼엠 디 흐엉 나오 아]

> 길거리 핵심 문장 30

이 냐항응온 지점 말고 다른 지점을 찾고 있어요.
Tôi đang tìm chi nhánh khác của Nhà Hàng Ngon, chứ không phải chi nhánh này.
[또이 당 띰 찌 냐잉 칵 꾸아 냐 항 응온, 쯔 콩 파이 찌 냐잉 나이]

이 음식을 먹으려면 어디로 가야 하나요?
Muốn ăn món này thì phải đi đâu ạ?
[무언 안 몬 나이 티 파이 디 더우 아]

식당가는 어디로 가야 가장 많이 있나요?
Ở đâu có nhiều quán ăn ạ?
[어 더우 꼬 니우 꽌 안 아]

(휴대폰으로 지도를 보여 주며) 여기를 찾고 있어요.
Tôi đang tìm nơi này ạ.
[또이 당 띰 너이 나이 아]

03. 거리 카페·식당에서

제가 먼저 왔어요.
Tôi đã đến trước.
[또이 다 덴 쯔억]

여기 제 자리예요.
Đây là chỗ của tôi.
[더이 라 쪼 꾸아 또이]

안쪽에 자리가 있나요?
Bên trong còn chỗ không ạ?
[벤 쫑 꼰 쪼 콩 아]

이 음식 두 개 주세요.
Cho tôi hai suất này. [쪼 또이 하이 쑤엇 나이]

의자 하나 더 주세요.
Cho tôi thêm một cái ghế nữa.
[쪼 또이 템 못 까이 게 느어]

얼음 좀 더 주세요.
Cho tôi thêm ít đá.
[쪼 또이 템 잇 다]

04. 기타 상황

사진 좀 찍어 주시겠어요?
Chụp ảnh giúp tôi được không ạ?
[쭙 아잉 줍 또이 드억 콩 아]

좀 지나갈게요.
Cho tôi đi nhờ ạ.
[쪼 또이 디 녀 아]

야시장은 몇 시까지 하나요?
Chợ đêm mở đến mấy giờ ạ?
[쩌 뎀 머 덴 머이 져 아]

오늘이 무슨 날이에요?
Hôm nay là ngày gì ạ?
[홈 나이 라 응아이 지 아]

우비는 어디서 사나요?
Mua áo mưa ở đâu ạ?
[무어 아오 므어 어 더우 아]

16 꼭 한 번은 쓰게 되는 식당 핵심 단어

🎧 5_16.mp3

계란 프라이	trứng rán	쯩 잔
계산, 계산하다	thanh toán / tính tiền	타잉 또안 / 띤 띠엔
고기	thịt	팃
고수	rau mùi (북부) rau ngò (남부, 중부)	자우 무이 자우 응어
고추	ớt	엇
구이	nướng	느엉
국물	nước canh	느억 까잉
그릇	bát	밧
꼬치	món xiên	몬 시엔
노천 식당	quán (ăn) ven đường	꽌 (안) 밴 드엉
달다	ngọt	응엇
디저트	món tráng miệng	몬 짱 미엥
라임	chanh	짜잉
마시다	uống	우옹
맛있다	ngon	응온
매운	cay	까이
맥주	bia	비아
먹다	ăn	안

물	nước	느억
물티슈	giấy ướt / khăn ướt	져이 으엇 / 칸 으엇
바인미	bánh mì	바잉 미
밥	cơm	껌
볶은	xào / rang	사오 / 장
소금	muối	무이
숙주나물	giá đỗ	지아 도
숟가락	thìa	티아
시다	chua	쭈어
식당	quán ăn / nhà hàng	꽌 안 / 냐 항
싱거운	nhạt	냣
쌀국수	phở	퍼
얼음	đá	다
연유 커피	cà phê sữa	까 페 쓰어
영수증	hóa đơn	화 던
우유	sữa	쓰어
음료수	nước ngọt	느억 응엇
이쑤시개	tăm	땀

식당 핵심 단어

저기요!(직원 부를 때)	Chị ơi! (여자 종업원 부를 때) Anh ơi! (남자 종업원 부를 때)	찌 어이 아잉 어이
주문하다	gọi món / đặt món	고이 몬 / 닷 몬
짜다	mặn	만
차	nước chè	느억 쩨
채소	rau	자우
치킨	gà rán	가 잔
카드 계산	thanh toán bằng thẻ	타잉 또안 방 태
케첩	tương cà	뜨엉 까
콜라	cô ca	꼬 까
탕, 국	canh	까잉
테이블을 정리하다	dọn bàn ăn	존 반 안
튀긴	rán	잔
포장해 가다	mang về	망 베
피시 소스	nước mắm	느억 맘
해산물	hải sản	하이 산
현금 계산	thanh toán bằng tiền mặt	타잉 또안 방 띠엔 맛
후추	hạt tiêu	핫 띠우
휴지, 냅킨	giấy ăn	져이 안

17 꼭 한 번은 보게 되는
식당 표지판 베트남어

🎧 5_17.mp3

01 Bánh Mì sốt vang [바잉 미 쏫 방] 소고기 카레 같은 맛의 바인미

02 Bánh Mì trứng [바잉 미 쯩] 달걀 프라이가 들어간 바인미

03 Bánh Mì patê [바잉 미 빠떼] 돼지 간으로 조리한 바인미

04 Bánh Mì thập cẩm [바잉 미 텁 껌] 스페셜 바인미

05 Bánh Bao [바잉 바오] 베트남식 만두

06 Bánh Tráng Trộn [바잉 짱 쫀] 반짱쫀

07 Cà phê đen [까 페 댄] 블랙 커피

08 Trà chanh [짜 짜잉] 레몬티

09 Nước ép [느억 앱] 주스

10 Trà sữa [짜 쓰어] 밀크티

11 Chè [째] 베트남식 빙수

12 Xôi [쏘이] 찹쌀 주먹밥

13 Ốc, ngao [옥, 응아오] 골뱅이, 조개

14 Đóng cửa [동 끄어] 닫았음

15 Mở cửa [머 끄어] 열렸음

18 꼭 한 번은 말하게 되는
식당 핵심 문장 30

🎧 5_18.mp3

01. 주문하기

의자 하나 더 주세요.
Xin cho tôi thêm một cái ghế.
[신 쪼 또이 템 못 까이 게]

저기요! (상대가 남자일 때)
Anh ơi.
[아잉 어이]

• **Chị ơi.**[찌 어이] 저기요!(상대가 여자일 때)

메뉴판 좀 주세요.
Cho tôi xem thực đơn.
[쪼 또이 쌤 특 던]

• **menu**[메뉴] 메뉴

메뉴 추천 좀 해 주세요.
Anh có thể gợi ý cho tôi mấy món được không?
[아잉 꼬 테 거이 이 쪼 또이 머이 몬 드억 콩]

얼마나 기다려야 할까요?
Phải đợi khoảng bao lâu ạ?
[파이 더이 코왕 바오 러우 아]

(사진을 보여 주며) 이 음식 여기서 **파나요**?
Ở đây có món này không?
[어 더이 꼬 몬 나이 콩]

물 좀 주시겠어요?
Cho tôi ít nước lọc được không ạ?
[쪼 또이 잇 느억 록 드억 콩 아]

• **nước ngọt**[느억 응엇] 음료수, **coca**[꼬 까] 콜라, **nước cam**[느억 깜] 오렌지주스

앞접시 하나 주세요.
Cho tôi xin 1 cái đĩa.
[쪼 또이 신 못 까이 디아]

이거 하나 더 주문하고 싶어요.
Tôi muốn gọi thêm một món này.
[또이 무언 고이 템 못 몬 나이]

포장해 갈 수 있나요?
Tôi có thể gói cái này về được không ạ?
[또이 꼬 테 고이 까이 나이 베 드억 콩 아]

세트 메뉴 있나요?
Ở đây có món ăn theo set không ạ?
[어 더이 꼬 몬 안 태오 셋 콩 아]

소스 좀 주세요.
Cho tôi xin một ít nước sốt.
[쪼 또이 신 못 잇 느억 쏯]

고수는 빼 주세요. (북부)
Xin hãy bỏ rau mùi.
[신 해이 버 자우 무이]

• rau ngò [자우 응어] 고수(남부, 중부)

제가 주문한 것을 변경할 수 있을까요?
Tôi đổi món khác được không?
[또이 도이 몬 칵 드억 콩]

반으로 잘라 주세요.
Xin hãy cắt đôi giúp tôi. [신 해이 깟 도이 줍 또이]

83

식당 핵심 문장 30

02. 식사하기

맛있게 드세요. (상대가 여자일 때)
Chúc chị ăn ngon miệng.
[쭉 찌 안 응온 미엥]

맛있어요.
Ngon quá. [응온 꽈]

제 입에 맞아요.
Cái này rất hợp với khẩu vị của tôi.
[까이 나이 젓 헙 버이 커우 비 꾸아 또이]

저는 배불러요.
Tôi no rồi. [또이 너 조이]

해산물 쌀국수는 처음 먹어 봐요.
Đây là lần đầu tiên tôi ăn phở hải sản.
[더이 라 런 더우 띠엔 또이 안 퍼 하이 산]

제가 주문한 것을 취소할 수 있을까요?
Tôi huỷ món đã gọi được không?
[또이 휘 몬 다 고이 드억 콩]

남은 것은 포장해 주세요.
Xin hãy gói phần ăn thừa lại giúp tôi.
[신 해이 고이 펀 안 트어 라이 쥽 또이]

03. 불편사항

아직 음식이 안 나왔어요.
Món ăn vẫn chưa ra ạ.
[몬 안 번 쯔어 자 아]

좀 덜 익었어요.
Món này chưa chín lắm.
[몬 나이 쯔어 찐 람]

제가 주문한 게 아닌 것 같아요.
Tôi không gọi món này.
[또이 콩 고이 몬 나이]

이건 어떻게 먹어요?
Cái này ăn như thế nào ạ?
[까이 나이 안 뉴 테 나오 아]

04. 계산하기

계산서 주세요.
Thanh toán giúp tôi ạ.
[타잉 또안 줍 또이 아]

카드로 계산 가능한가요?
Có thể thanh toán bằng thẻ không ạ?
[꼬 테 타잉 또안 방 태 콩 아]

영수증 주세요.
Cho tôi xin hóa đơn.
[쪼 또이 신 화 던]

계산은 각자 따로 해 주세요.
Xin thanh toán riêng giúp tôi.
[신 타잉 또안 지엥 줍 또이]

19 꼭 한 번은 쓰게 되는 쇼핑 핵심 단어

5_19.mp3

가게	cửa hàng	끄어 항
가방	túi xách	뚜이 싸익
가장 싼 것	cái rẻ nhất	까이 재 녓
가짜	hàng giả	항 지아
계산	thanh toán	타잉 또안
과자	bánh kẹo	바잉 깨오
구입하다	mua	무어
귀엽다	đáng yêu	당 이우
기념품	đồ lưu niệm	도 루 니엠
긴소매	áo dài tay	아오 자이 따이
깎아 주세요	bớt đi ạ	벗 디 아
꽉 끼다	chật	쩟
논라(베트남 전통 모자)	nón	논
대여	thuê	퉤
두리안 캔디	kẹo sầu riêng	깨오 써우 지엥
디자인	thiết kế	티엣 께
라면	mỳ / mì ăn liền	미 / 미 안 리엔

라이스 페이퍼	bánh đa nem	바잉 다 냄
마트	siêu thị	시우 티
말린 과일	hoa quả sấy khô	화 꽈 써이 코
망고	xoài	쏘아이
맥주	bia	비아
모두	tất cả	떳 까
모자	mũ	무
문구점	cửa hàng văn phòng phẩm	끄어 항 반 퐁 펌
민소매	áo sát nách	아오 삿 낙
바지	quần	꿘
반팔	áo ngắn tay	아오 응안 따이
봉지, 봉투	túi	뚜이
비싸다	đắt / mắc	닷 / 막
사이즈	kích cỡ / size	끽 꺼 / 사이
새것	cái mới	까이 머이
선글라스	kính râm	낀 점
선물	quà	꽈

쇼핑 핵심 단어

세일	sale / giảm giá	세일 / 쟘 지아
시계	đồng hồ	동 호
시장	chợ	쩌
아오자이	áo dài	아오 자이
양말	tất	떳
어울리다	hợp	헙
영수증	hóa đơn	화 던
예쁘다	xinh / đẹp	신 / 댑
옷	áo	아오
옷가게	cửa hàng quần áo / shop quần áo	끄어 항 꿘 아오 / 숍 꿘 아오
원피스	váy liền	바이 리엔
유행 중인	đang thịnh hành / đang mốt	당 팅 하잉 / 당 못
인형	búp bê	붑 베
작다	nhỏ	뇨
장난감	đồ chơi	도 쩌이
재킷	áo khoác	아오 코악
점원	nhân viên	년 비엔

족제비 똥 커피	cà phê chồn	까 페 쫀
차	chè	째
착용해 보다	thử	트
치마	váy	바이
치약	kem đánh răng	깸 다잉 장
커피	cà phê	까 페
코코넛	dừa	즈어
크다	to	떠
탈의실	phòng thay đồ	퐁 타이 도
품질	chất lượng	쩟 르엉
향신료(각종 소스)	gia vị	지아 비
현금	tiền mặt	띠엔 맛

20 꼭 한 번은 보게 되는
쇼핑 표지판 베트남어

🔊 5_20.mp3

01 Giảm giá [잠 지아]   세일

02 1 Tặng 1 [못 땅 못]   원 플러스 원

03 Phiếu giảm giá [피우 잠 지아]   쿠폰

04 Sale 50% [세일 남 므어이 펀 짬]   50% 할인

05 Phòng thay đồ [퐁 타이 도]   탈의실

06 Quầy thanh toán [꿔이 타잉 또안]   계산대

07 Trung tâm mua sắm [쭝 떰 무어 쌈]   백화점

08 Chợ [쩌]   시장

09 Xin không chạm vào đồ vật. [신 콩 짬 바오 도 벗]   만지지 말아 주세요.

10 Cầu thang máy [꺼우 탕 마이]   엘리베이터

11 Thời gian mở cửa hàng [터이 지안 머 끄어 항]   영업 시간

21 꼭 한 번은 말하게 되는
쇼핑 핵심 문장 30

5_21.mp3

01. 시장에서

깎아 주세요.
Bớt đi ạ. [벗 디 아]

너무 비싸요.
Đắt quá. [닷 꽈]

돈 없어요.
Tôi không có tiền.
[또이 콩 꼬 띠엔]

그럼 다른 가게 갈게요.
Tôi sẽ đi cửa hàng khác.
[또이 쌔 디 끄어 항 칵]

1개만 주세요.
Cho tôi một cái thôi ạ.
[쪼 또이 못 까이 토이 아]

다른 걸로 바꿀게요.
Tôi muốn đổi cái khác.
[또이 무언 도이 까이 칵]

입어 볼 수 있나요?
Mặc thử được không ạ?
[막 트 드억 콩 아]

다른 색깔도 있나요?
Còn màu khác không ạ?
[꼰 머우 칵 콩 아]

쇼핑 핵심 문장 30

아오자이를 맞추면 얼마인가요?
Đặt may áo dài thì hết bao nhiêu tiền ạ?
[닷 마이 아오 자이 티 헷 바오 니우 띠엔 아]

(옷이) 너무 커요.
To quá ạ. [떠 꽈 아]

• **Dài quá.** [자이 꽈] 길어요.

다른 패턴은 없나요?
Còn mẫu khác không ạ?
[꼰 머우 칵 콩 아]

1kg에 얼마인가요?
1 cân bao nhiêu tiền ạ?
[못 껀 바오 니우 띠엔 아]

다른 데 둘러보고 올게요.
Tôi xem chỗ khác rồi sẽ quay lại.
[또이 쌤 쪼 칵 조이 쌔 꿰이 라이]

이건 무엇으로 만든 거예요?
Cái này làm bằng cái gì ạ?
[까이 나이 람 방 까이 지 아]

제일 맛이 좋은 커피가 뭔가요?
Cà phê nào ngon nhất ạ?
[까 페 나오 응온 녓 아]

진짜 아니죠? (=짝퉁이죠?)
Hàng giả đúng không ạ?
[항 지아 둥 콩 아]

현금이 없어요.
Tôi không có tiền mặt.
[또이 콩 꼬 띠엔 맛]

깨지지 않을까요?
Có vỡ không ạ?
[꼬 버 콩 아]

아뇨, 됐어요.
Không cần ạ.
[콩 껀 아]

얼마예요?
Bao nhiêu tiền ạ?
[바오 니우 띠엔 아]

이걸로 주세요.
Cho em cái này ạ.
[쪼 앰 까이 나이 아]

02. 백화점·마트에서

이 가방을 환불하고 싶어요.
Tôi muốn trả lại cái túi xách này.
[또이 무언 짜 라이 까이 뚜이 싸익 나이]

선물용 커피를 사고 싶은데요.
Tôi muốn mua cà phê để làm quà.
[또이 무언 무어 까 페 데 람 꽈]

선물하기 좋은 게 있을까요?
Có cái gì hay để làm quà không ạ?
[꼬 까이 지 해이 데 람 꽈 콩 아]

쇼핑 핵심 문장 30

새것 있나요?
Có cái mới không ạ?
[꼬 까이 머이 콩 아]

이것으로 10개 있나요?
Cái này có 10 cái không ạ?
[까이 나이 꼬 므어이 까이 콩 아]

생활용품은 어느 쪽에 있나요?
Đồ dùng sinh hoạt ở đâu ạ?
[도 중 신 홧 어 더우 아]

좀 더 큰 봉투에 넣어 주세요.
Xin gói vào túi lớn hơn giúp tôi ạ.
[신 고이 바오 뚜이 런 헌 쥽 또이 아]

카드 결제도 되나요?
Có thể thanh toán bằng thẻ được không ạ?
[꼬 테 타잉 또안 방 태 드억 콩 아]

선물 포장 가능한가요?
Gói quà được không ạ?
[고이 꽈 드억 콩 아]

22 꼭 한 번은 쓰게 되는 관광 핵심 단어

가이드	hướng dẫn viên	흐엉 전 비엔
강	sông	쏭
개관	khai trương	카이 쯔엉
공사 중	đang thi công	당 티 꽁
공연 시간표	lịch biểu diễn	릭 비우 지엔
공원	công viên	꽁 비엔
관광안내소	quầy hướng dẫn du lịch	꿔이 흐엉 전 쥬 릭
관광지	địa điểm du lịch	디아 디엠 쥬 릭
기념촬영	chụp ảnh kỉ niệm	쯉 아잉 끼 니엠
기념품	đồ lưu niệm	도 루 니엠
노래방	karaoke / quán hát	까라오께 / 꽌 핫
놀이공원	công viên trò chơi	꽁 비엔 쩌 쩌이
다리	cầu	꺼우
단체 여행	du lịch theo đoàn	쥬 릭 태오 도안
대여하다	thuê	퉤
동식물원	thảo cầm viên	타오 껌 비엔
레스토랑	nhà hàng	냐 항

95

관광 핵심 단어

리조트	khu nghỉ dưỡng	쿠 응이 즈엉
매표소	nơi bán vé	너이 반 배
무료	miễn phí	미엔 피
바다	biển	비엔
박물관	bảo tàng	바오 땅
반납하다	trả lại	짜 라이
100kg 이상 탑승 금지	không quá 100kg	콩 꽈 못 짬 껀
보트	thuyền	투이엔
사막	sa mạc	사 막
사진	ảnh	아잉
산	núi	누이
선착장	bến tàu	벤 따우
섬	đảo	다오
성인, 어른	người lớn	응어이 런
소지품 검사	kiểm tra đồ mang theo	끼엠 짜 도 망 태오
수영복	đồ bơi	도 버이
수영장	bể bơi	베 버이
슬리퍼	dép lê	잽 레

어린이	trẻ em	째 앰
여행 가이드북	sổ tay hướng dẫn du lịch	소 따이 흐엉 전 쥬 릭
영화관	rạp phim	잡 핌
예약	đặt	닷
워터파크	công viên nước	꽁 비엔 느억
유적지	khu di tích	쿠 지 띡
음식물 반입 불가	cấm mang theo đồ ăn	껌 망 태오 도 안
인형 수상극	nhà hát múa rối nước	냐 핫 무어 조이 느억
1인당	mỗi một người	모이 못 응어이
1일 투어	tour 1 ngày	투어 못 응아이
입장	đi vào	디 바오
입장 불가	cấm vào	껌 바오
입장권	vé vào	배 바오
자유 여행	du lịch tự do	쥬 릭 뜨 죠
전통 체험	trải nghiệm truyền thống	짜이 응이엠 쭈엔 통
절	chùa	쭈어
정기 휴일	nghỉ định kì	응이 딘 끼
줄 서다	xếp hàng	셉 항

관광 핵심 단어

지프차	xe jeep	쌔 집
직원	nhân viên	년 비엔
촬영 금지	cấm quay phim / chụp ảnh	껌 꿰이 핌 / 쭙 아잉
축제	lễ hội	레 호이
케이블카	cáp treo	깝 째오
키 제한	chiều cao giới hạn	찌우 까오 져이 한
투어 버스	xe buýt tour	쌔 부잇 투어
퍼레이드	cuộc diễu hành	꾸옥 지우 하잉
폭포	thác	탁
표, 티켓	vé	배

23 꼭 한 번은 보게 되는
관광 표지판 베트남어

 5_23.mp3

01 Xin hãy lùi lại phía sau. [신 해이 루이 라이 피아 사우]   뒤로 물러서세요.

02 Thời gian biểu diễn [터이 지안 비우 지엔]   공연 시간

03 Cấm đèn flash [껌 댄 플래쉬]   플래시 금지

04 Xin không sờ vào đồ vật. [신 콩 서 바오 도 벗]   손으로 만지지 마세요.

05 Chú ý đường trơn [쭈 이 드엉 쩐]   미끄럼 주의

06 Cấm ngồi. [껌 응오이]   앉지 마세요.

07 Cấm mang theo đồ ăn [껌 망 태오 도 안]   음식물 반입 금지

08 Cấm ra vào [껌 자 바오]   출입 금지

09 Cấm giẫm lên vạch. [껌 졈 렌 바익]   선을 밟지 마세요.

10 Thời gian mở cửa [터이 지안 머 끄어]   개장 시간

11 Thời gian đóng cửa [터이 지안 동 끄어]   폐장 시간

12 Phí vào cửa [피 바오 끄어]   입장료

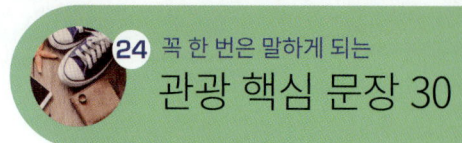

관광 핵심 문장 30

01. 표 구입, 입장할 때

성인 두 명, **어린이** 한 명이요.
2 người lớn và 1 trẻ em.
[하이 응어이 런 바 못 째 앰]

입구가 어디인가요?
Lối vào ở đâu ạ?
[로이 바오 어 더우 아]

이건 **자유이용권**인가요?
Đây là vé sử dụng tự do đúng không ạ?
[더이 라 배 스 중 뜨 죠 둥 콩 아]

설명 좀 해 주세요.
Xin hãy giải thích cho tôi.
[신 해이 쟈이 틱 쪼 또이]

몇 시까지 **관람**할 수 있나요?
Có thể xem đến mấy giờ ạ?
[꼬 테 쌤 덴 머이 져 아]

관광 지도를 주세요.
Xin cho tôi bản đồ du lịch.
[신 쪼 또이 반 도 쥬 릭]

02. 관광지 · 놀이공원에서

놀이기구는 어디서 탈 수 있나요?
Lối lên ở đâu ạ?
[로이 렌 어 더우 아]

한국어 팸플릿이 있나요?
Có sách hướng dẫn bằng tiếng Hàn không ạ?
[꼬 싸익 흐엉 전 방 띠엥 한 콩 아]

케이블카는 어디서 타나요?
Lối lên cáp treo ở đâu ạ?
[로이 렌 깝 쩨오 어 더우 아]

재입장 가능한가요?
Có thể vào lại được không ạ?
[꼬 테 바오 라이 드억 콩 아]

다시 **아래로 내려가려면** 어떻게 하나요?
Làm thế nào để đi xuống dưới lại ạ?
[람 테 나오 데 디 수엉 즈어이 라이 아]

수영복을 대여할 수 있나요?
Có thể thuê đồ bơi được không ạ?
[꼬 테 퉤 도 버이 드억 콩 아]

오토바이 대여는 어디서 하나요?
Thuê xe máy ở đâu ạ?
[퉤 쌔 마이 어 더우 아]

공연은 몇 시에 시작하나요?
Mấy giờ bắt đầu biểu diễn ạ?
[머이 져 밧 더우 비우 지엔 아]

• **cuộc diễu hành**[꾸옥 지우 하잉] 퍼레이드

다딴라 폭포를 찾고 있어요.
Tôi đang tìm thác Datanla.
[또이 당 띰 탁 다딴라]

관광 핵심 문장 30

사진 찍어도 될까요?
Tôi chụp ảnh được không ạ?
[또이 쭙 아잉 드억 콩 아]

03. 놀이기구를 탈 때

같이 타도 되나요?
Tôi lên (chơi) cùng có được không?
[또이 렌 (쩌이) 꿍 꼬 드억 콩]

일행이에요.
Chúng tôi cùng đoàn ạ.
[쭝 또이 꿍 도안 아]

괜찮아요, 휴대폰 들고 탈게요.
Không sao. Tôi sẽ cầm theo điện thoại ạ.
[콩 사오. 또이 쌔 껌 태오 디엔 토와이 아]

안전벨트 메는 것 좀 도와주세요.
Xin hãy giúp tôi cài dây an toàn.
[신 해이 줍 또이 까이 져이 안 또안]

04. 마사지·네일을 받을 때

좀 더 세게 해 주세요.
Xin làm mạnh lên một chút.
[신 람 마잉 렌 못 쭛]

• nhẹ [녜] 약하게

너무 아파요.
Đau quá ạ.
[다우 꽈 아]

제가 원하는 디자인으로 받고 싶어요.
Tôi muốn làm theo kiểu tôi muốn.
[또이 무언 람 태오 끼우 또이 무언]

05. 투어 예약할 때

1일 관광이 있나요?
Có tour du lịch 1 ngày không ạ?
[꼬 투어 쥬 릭 못 응아이 콩 아]

오토바이 투어를 하고 싶어요.
Tôi muốn đi tour xe máy.
[또이 무언 디 투어 쌔 마이]

몇 시까지 픽업 하러 오시나요?
Mấy giờ anh sẽ đến đón ạ?
[머이 져 아잉 쌔 덴 던 아]

투어에 점심 식사가 포함되어 있나요?
Tour đã bao gồm ăn trưa chưa ạ?
[투어 다 바오 곰 안 쯔어 쯔어 아]

06. 기타 상황

새치기하지 마세요.
Xin đừng chen ngang. [신 등 짼 응앙]

밀지 마세요.
Xin đừng đẩy. [신 등 더이]

여기 앉아도 되나요?
Tôi ngồi đây được không ạ?
[또이 응오이 더이 드억 콩 아]

25 꼭 한 번은 쓰게 되는 위급 핵심 단어

가방	túi xách	뚜이 싸익
감기	bị cảm	비 깜
공안	công an	꽁 안
공안에 신고하다	báo công an	바오 꽁 안
관광객	khách du lịch	카익 쥬 릭
구급차	xe cấp cứu	쌔 껍 끄
넘어지다	bị ngã	비 응아
다리가 부러지다	bị gãy chân	비 가이 쩐
도난 당하다	bị mất cắp	비 멋 깝
도둑	ăn trộm	안 쫌
도와주세요.	Xin giúp tôi.	신 쥽 또이
두통	đau đầu	다우 더우
멀미	say xe	싸이 쌔
모기	muỗi	무이
몸살	đau nhức toàn thân	다우 늑 또안 턴
반창고	băng dán y tế	방 쟌 이 떼
벌레	côn trùng	꼰 쭝

벌레 물린 데 바르는 약	thuốc bôi vết côn trùng cắn	투옥 보이 벳 꼰 쭝 깐
병원	bệnh viện	벤 비엔
복통	đau bao tử	다우 바오 뜨
부상 당하다	bị thương	비 트엉
분실 신고서	giấy khai báo mất đồ	져이 카이 바오 멋 도
불이야!	Cháy!	짜이
붕대	bông băng	봉 방
사기	lừa đảo	르어 다오
살려 주세요.	Xin hãy cứu tôi.	신 해이 끄 또이
상처	vết thương	벳 트엉
설사	tiêu chảy	띠우 짜이
소매치기	móc túi	목 뚜이
숙소 주소	địa chỉ nơi trọ	디아 찌 너이 쩌
식중독	ngộ độc thức ăn	응오 독 특 안
약국	hiệu thuốc	히우 투옥
여권	hộ chiếu	호 찌우
여행자 보험	bảo hiểm du lịch	바오 히엠 쥬 릭

위급 핵심 단어

영사관	lãnh sự quán	라잉 스 꽌
오토바이 사고	tai nạn xe máy	따이 난 쌔 마이
음식이 상하다	thức ăn thiu	특 안 티우
의사	bác sĩ	박 씨
잃어버리다	bị mất	비 멋
재발급	cấp lại	껍 라이
전화하다	gọi điện	고이 디엔
지갑	ví	비
치료	chữa trị	쯔어 찌
통역	thông dịch	통 직
파스	cao dán	까오 쟌
한국	Hàn Quốc	한 꿕
한국 대사관	đại sứ quán Hàn Quốc	다이 스 꽌 한 꿕
한국어	Tiếng Hàn	띠엥 한
화상 입다	bị bỏng	비 봉
화장실	nhà vệ sinh	냐 베 신
휴대폰 번호	số điện thoại di động	소 디엔 토와이 지 동

26 꼭 한 번은 보게 되는
위급 표지판 베트남어

5_26.mp3

01 Công an [꽁 안]   공안

02 Bệnh viện [벤 비엔]   병원

03 Cửa thoát hiểm [끄어 토앗 히엠]   비상구

04 Bình chữa cháy [빈 쯔어 짜이]   소화기

05 Chuông báo cháy [쭈엉 바오 짜이]   화재 경보기

06 Hiệu thuốc [히우 투옥]   약국

07 Cấm hút thuốc [껌 훗 투옥]   금연

08 Nguy hiểm [응위 히엠]   위험

09 Cấm ra vào [껌 자 바오]   출입 금지

10 Phòng cấp cứu [퐁 껍 끄]   응급실

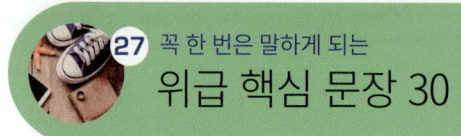

27 꼭 한 번은 말하게 되는
위급 핵심 문장 30

🎧 5_27.mp3

01. 응급 상황에서

한국으로 전화할 수 있을까요?
Tôi có thể gọi điện về Hàn Quốc được không ạ?
[또이 꼬 테 고이 디엔 베 한 꿕 드억 콩 아]

공안까지 가는데 도와주세요.
Xin hãy giúp tôi đi đến đồn công an.
[신 해이 즙 또이 디 덴 돈 꽁 안]

분실 신고서 작성을 대신 해 주실 수 있을까요?
Có thể giúp tôi viết giấy khai báo mất đồ được không ạ?
[꼬 테 즙 또이 비엣 져이 카이 바오 멋 도 드억 콩 아]

구급차를 불러 주세요.
Xin hãy gọi giúp tôi xe cấp cứu.
[신 해이 고이 즙 또이 쌔 껍 끄]

방에 도마뱀이 들어왔어요.
Trong phòng có thạch sùng ạ.
[쫑 퐁 꼬 타익 숭 아]

한국어를 하는 사람이 있을까요?
Có ai biết nói tiếng Hàn không ạ?
[꼬 아이 비엣 노이 띠엥 한 콩 아]

• tiếng Anh [띠엥 아잉] 영어

사기를 당한 것 같아요.
Hình như tôi đã bị lừa.
[힌 뉴 또이 다 비 르어]

길을 잃어버렸어요.
Tôi bị lạc đường rồi ạ.
[또이 비 락 드엉 조이 아]

화장실을 좀 써도 될까요?
Tôi có thể dùng nhờ nhà vệ sinh được không ạ?
[또이 꼬 테 중 녀 냐 베 신 드억 콩 아]

다리가 부러진 것 같아요.
Hình như chân tôi bị gãy rồi ạ.
[힌 뉴 쩐 또이 비 가이 조이 아]

길을 건너다 오토바이와 부딪혔어요.
Tôi đang đi sang đường thì bị va vào xe máy.
[또이 당 디 상 드엉 티 비 바 바오 쌔 마이]

여행자 보험이 있어요.
Tôi có bảo hiểm du lịch.
[또이 꼬 바오 히엠 쥬 릭]

02. 분실·도난 당했을 때

휴대폰을 소매치기 당했어요.
Tôi đã bị móc mất điện thoại.
[또이 다 비 목 멋 디엔 토와이]

지갑을 도난 당했어요.
Tôi đã bị ăn cắp ví.
[또이 다 비 안 깝 비]

위급 핵심 문장 30

열쇠를 잃어버렸어요.
Tôi đã làm mất chìa khóa.
[또이 다 람 멋 찌아 코와]

• hộ chiếu[호 찌우] 여권

어디서 잃어버렸는지 모르겠어요.
Tôi không biết đã làm mất ở đâu.
[또이 콩 비엣 다 람 멋 어 더우]

03. 아플 때

목이 아프고 열이 나요.
Tôi bị đau họng và sốt.
[또이 비 다우 홍 바 쏫]

두통이 심해요.
Tôi bị đau đầu rất nặng.
[또이 비 다우 더우 젓 낭]

화상을 입었어요.
Tôi bị bỏng rồi ạ.
[또이 비 봉 조이 아]

벌레에 심하게 물렸어요.
Tôi đã bị côn trùng cắn rất nặng.
[또이 다 비 꼰 쭝 깐 젓 낭]

반창고가 필요합니다.
Tôi cần băng dán y tế ạ.
[또이 껀 방 쟌 이 떼 아]

복통이 너무 심해요.
Tôi bị đau bụng quá. [또이 비 다우 붕 꽈]

근처에 가까운 약국이 어디 있을까요?
Nhà thuốc gần nhất là ở đâu ạ?
[냐 투옥 건 녓 라 어 더우 아]

04. 기타 상황

저는 잘못이 없어요.
Tôi không làm gì sai cả.
[또이 콩 람 지 사이 까]

거짓말하지 마세요.
Xin đừng nói dối ạ.
[신 등 노이 조이 아]

아까 다 촬영해 두었어요.
Tôi đã quay lại hết rồi.
[또이 다 꿰이 라이 헷 조이]

오해가 있는 것 같아요.
Hình như có hiểu nhầm.
[힌 뉴 꼬 히우 념]

저 좀 도와주세요.
Xin hãy giúp đỡ tôi.
[신 해이 줍 더 또이]

죄송합니다.
Xin lỗi ạ. [신 로이 아]

살려 주세요!
Cứu tôi với! [끄 또이 버이]

꼭 쓰는 300문장 바로 찾기 INDEX

기내

ㄱ
감사합니다. 21

ㄷ
담요 한 장을 더 주시겠어요? 45
도착하려면 시간이 얼마나 남았나요? 46

ㅁ
면세품을 주문하고 싶어요. 45
물은 얼마인가요? 44
물 한 잔만 주세요. 45

ㅂ
발 좀 내려 주세요. 43
볼펜을 빌려주실 수 있으세요? 45
비행기 멀미가 나요. 46

ㅅ
식사는 나중에 가능할까요? 44
식사는 몇 시에 나옵니까? 44

ㅇ
안전벨트가 고장 났어요. 45
어떤 음료가 있나요? 44
언제 출발하나요? 46
이것 좀 치워 주세요. 44

ㅈ
자리를 바꿔 주실 수 있나요? 43
자리를 발로 차지 마세요. 43
저는 식사를 안 할 거예요. 44
제 자리에 앉으신 것 같은데요. 43
조명을 어떻게 끄나요? 46
조용히 좀 해 주세요. 46
죄송해요, 제가 잘못 앉았네요. 43
지금 기내식을 주문해도 되나요? 44
지나가도 될까요? 43
짐 꺼내는 것 좀 도와주세요. 46
짐 넣을 공간이 없어요. 43

짐을 여기에 둬도 되나요? 43

ㅋ
커피 좀 주세요. 44

ㅎ
한국 신문 있나요? 45
현지 시간은 어떻게 됩니까? 46
휴지 좀 주세요. 45

공항

ㄱ
가장 빠른 비행기를 예약하고 싶어요. 51
관광 안내소는 어디에 있습니까? 52
기내에는 몇 킬로그램까지 가지고 탈 수 있나요? 50

ㄷ
돌아가는 비행기 표를 가지고 있어요. 52

ㅂ
베트남 항공 수속 카운터는 어디에 있나요? 50
베트남에 7일 있을 예정입니다. 51
베트남에 여행으로 왔습니다. 52
변경 수수료는 얼마인가요? 51
비자를 인터넷으로 받았어요. 52
비행기가 지연되었나요? 53
비행기를 놓쳤어요. 51

ㅅ
사이공 호텔로 가 주세요. 53
수하물 추가 요금은 어디서 계산하나요? 50
수하물은 몇 킬로그램까지 무료인가요? 51
시내까지는 얼마나 걸리나요? 53
시내로 가는 버스는 어디서 타나요? 53
신고할 물건은 없습니다. 52
신발도 벗어야 하나요? 52

ㅇ
유심 칩이 필요합니다. 53

ㅂ
6인승 택시를 불러 주세요. 53
이 가방은 기내에 가지고 타도 되죠? 51

ㅈ
제 짐이 아직 도착하지 않았어요. 52
좌석을 변경할 수 있나요? 50
짐 안에 노트북이 들어 있어요. 51
짐은 2개입니다. 50

ㅊ
창가 자리로 주세요. 50

ㅎ
한국 사람입니다. 52
항공 예약을 변경하고 싶어요. 51
호찌민 가는 항공편은 몇 번 게이트에서 탑승해야 하나요? 50
환전은 어디서 하나요? 53

교통

ㄱ
거스름돈을 잘못 주셨어요. 59
공항까지 가 주세요. 58
공항버스 요금이 얼마예요? 58
구글맵을 따라 가 주세요. 59
기사님, 빨리 가 주세요. 59
기차표는 어디서 구입하나요? 61

ㄴ
냐짱 가는 슬리핑 버스 두 자리 주세요. 60
너무 빨라요, 천천히 가 주세요. 61

ㄷ
달랏에 가는 버스는 언제 오나요? 58

ㅁ
몇 시까지 터미널로 오면 될까요? 60
목적지를 잘못 입력했어요. 61

ㅂ
버스 시간표 좀 주세요. 61
벤탄 시장까지 가는 버스 맞나요? 58
비나선이나 마이린 택시를 잡아 주세요. 60

ㅅ
슬리핑 버스를 예약하고 싶어요. 60

ㅇ
에어컨 좀 켜 주세요. 58
여기로 가 주세요. 58
여기서 내려 주세요. 58
여기서 잠깐만 기다려 주세요. 59
영수증 주세요. 59
이거 다낭 가는 버스 맞나요? 27
1층으로 예약해 주세요. 60

ㅈ
자리 좀 확인해 주세요. 61
잔돈이 없어요. 59
저기서 좌회전해 주세요. 60
저기에서 내려 주세요. 29

ㅋ
카드로 결제 가능한가요? 59

ㅎ
호이안까지 가는 택시를 하루 동안 대절하는 데 얼마인가요? 60
호찌민행 버스는 언제 오나요? 61
호텔까지 얼마나 걸리나요? 59
화장실이 급해요. 60
휴게소는 언제 도착하나요? 61

호텔

ㄱ
가방을 보관해 주실 수 있나요? 27
객실을 볼 수 있을까요? 67
객실이 더러워요. 객실을 청소해 주시겠어요? 69

113

ㄷ
담배 냄새가 심하게 나요. 68
뜨거운 물이 안 나와요. 69

ㄹ
루프톱 바는 몇 시까지 이용이 가능한가요? 67
룸 서비스 부탁합니다. 68

ㅁ
모닝콜 가능한가요? 68

ㅂ
방 좀 바꿔 주세요. 68
방에 수건이 없어요. 68
방에 키를 두고 나왔어요. 69

ㅅ
세탁 서비스가 있나요? 69
스파는 몇 층에 있어요? 68

ㅇ
얼리 체크인 가능한가요? 66
에어컨이 고장 났어요. 69
예약을 안 했는데요, 빈방 있나요? 66
오션뷰 있나요? 66
와이파이 비밀번호는 뭔가요? 67
이 근처에 편의점 있나요? 68

ㅈ
제 방에서 여권이 분실된 것 같아요. 69
조식은 몇 시부터 몇 시까지인가요? 67

ㅊ
체크아웃 시간은 몇 시인가요? 66
체크아웃 후 짐을 보관할 수 있나요? 66
체크인 부탁합니다. 66

ㅋ
카드 키를 잃어버렸어요. 69

ㅌ
택배를 받아 주실 수 있나요? 67
투어 예약을 해 주실 수 있나요? 68
트윈 베드가 있는 방을 예약해 주세요. 66

ㅎ
하룻밤 더 묵고 싶은데요. 67
하룻밤에 얼마예요? 66
호텔 근처에 가 볼 만한 곳을 추천해 주세요. 67

길거리

ㄱ
걸어서 갈 수 있나요? 74
길을 잃었습니다. 24
괜찮아요. 천만에요. 20
근처에 예쁜 카페가 있나요? 74
근처에 제일 시원한 곳은 어디인가요? 75

ㄴ
네일 샵은 몇 번째 골목에 있나요? 75

ㄷ
다이아몬드 플라자에 가기 위해 가장 좋은 방법은 무엇입니까? 75
득바 성당까지 어떻게 가는지 아시나요? 74

ㅁ
말씀 좀 여쭐게요. 74
뭐 좀 물어봐도 될까요? 23
미케 해변은 어떻게 가나요? 24

ㅂ
베트남 커피를 살 수 있는 곳이 어디 있을까요? 74
벤탄 시장 동문은 어디인가요? 75

ㅅ
사진 좀 찍어 주시겠어요? 77
식당가는 어디로 가야 가장 많이 있나요? 76

ㅇ
안쪽에 자리가 있나요? 76
야시장은 몇 시까지 하나요? 77
얼마나 걸릴까요? 74
얼음 좀 더 주세요. 77
여기 제 자리예요. 76
여기가 어디예요? 74
여기를 찾고 있어요. 76

여기서 오른쪽으로 가야 하나요? 75
오늘이 무슨 날이에요? 77
우비는 어디서 사나요? 77
의자 하나 더 주세요. 77
이 거리의 이름은 뭔가요? 74
이 나항응온 지점 말고 다른 지점을 찾고 있어요. 76
이 음식 두 개 주세요. 76
이 음식을 먹으려면 어디로 가야 하나요? 76

ㅈ
제가 먼저 왔어요. 76
좀 지나갈게요. 77
죄송합니다. 실례합니다. 21

ㅋ
큰 병원은 몇 군에 있나요? 75

ㅎ
호안끼엠 호수는 어느 쪽으로 가야 나오나요? 75

식당

ㄱ
계산서 주세요. 85
계산은 각자 따로 해 주세요. 85
고수는 빼 주세요. 83
고수 빼 주세요. 25

ㄴ
남은 것은 포장해 주세요. 84

ㅁ
맛있게 드세요. 84
맛있어요. 84
메뉴 추천 좀 해 주세요. 82
메뉴판 좀 주세요. 82
물 좀 주시겠어요? 82

ㅂ
반으로 잘라 주세요. 83

ㅅ
세트 메뉴 있나요? 83
소스 좀 주세요. 83

ㅇ
아직 음식이 안 나왔어요. 84
앞접시 하나 주세요. 83
얼마나 기다려야 할까요? 82
영수증 주세요. 85
의자 하나 더 주세요. 82
이 가게에선 어떤 게 제일 맛있나요? 25
이거 하나 더 주문하고 싶어요. 83
이건 어떻게 먹어요? 85
이 음식 여기서 파나요? 82

ㅈ
저기요! 82
저는 배불러요. 84
제 입에 맞아요. 84
제가 주문한 것을 변경할 수 있을까요? 83
제가 주문한 것을 취소할 수 있을까요? 84
제가 주문한 게 아닌 것 같아요. 85
좀 덜 익었어요. 85

ㅋ
카드로 계산 가능한가요? 85

ㅌ
포장해 갈 수 있나요? 83

ㅎ
해산물 쌀국수는 처음 먹어 봐요. 84

쇼핑

ㄱ
그럼 다른 가게 갈게요. 91
깎아 주세요. 91
깨지지 않을까요? 93

ㄴ
너무 비싸요. 91
너무 커요. 92

ㄷ

다른 걸로 바꿀게요. 91
다른 데 둘러보고 올게요. 92
다른 색깔도 있나요? 91
다른 패턴은 없나요? 92
돈 없어요. 91

ㅅ

새것 있나요? 94
생활용품은 어느 쪽에 있나요? 94
선물 포장 가능한가요? 94
선물용 커피를 사고 싶은데요. 93
선물하기 좋은 게 있을까요? 93
싸게 해 주세요. 28

ㅇ

아뇨, 됐어요. 93
아오자이를 맞추면 얼마인가요? 92
얼마예요? 93
이 가방을 환불하고 싶어요. 93
이거 얼마예요? 29
이건 무엇으로 만든 거예요? 92
이걸로 주세요. 93
이것으로 10개 있나요? 94
1kg에 얼마인가요? 92
입어 볼 수 있나요? 91
입어 봐도 될까요? 27

ㅈ

제일 맛이 좋은 커피가 뭔가요? 92
좀 더 큰 봉투에 넣어 주세요. 94
진짜 아니죠? 92

ㅋ

카드 결제도 되나요? 94

ㅎ

1개만 주세요. 91
현금이 없어요. 93

관광

ㄱ

같이 타도 되나요? 102
공연은 몇 시에 시작하나요? 101
관광 지도를 주세요. 100
괜찮아요, 휴대폰 들고 탈게요. 102

ㄴ

너무 아파요. 102
놀이기구는 어디서 탈 수 있나요? 100

ㄷ

다딴라 폭포를 찾고 있어요. 101
다시 아래로 내려가려면 어떻게 하나요? 101

ㅁ

몇 시까지 관람할 수 있나요? 100
몇 시까지 픽업 하러 오시나요? 103
밀지 마세요. 103

ㅅ

사진 좀 찍어 주시겠어요? 25
사진 찍어도 될까요? 102
새치기하지 마세요. 103
설명 좀 해 주세요. 100
성인 두 명, 어린이 한 명이요. 100
수영복을 대여할 수 있나요? 101

ㅇ

안전벨트 메는 것 좀 도와주세요. 102
여기 앉아도 되나요? 103
오토바이 대여는 어디서 하나요? 101
오토바이 투어를 하고 싶어요. 103
이건 자유이용권인가요? 100
1일 관광이 있나요? 103
일행이에요. 102
입구가 어디인가요? 100

ㅈ

재입장 가능한가요? 101
제가 원하는 디자인으로 받고 싶어요. 103
좀 더 세게 해 주세요. 102

ㅋ

케이블카는 어디서 타나요? 101

ㅌ

투어에 점심 식사가 포함되어 있나요? 103

ㅎ

한국 사람입니다. 22
한국어 팸플릿이 있나요? 101

위급

ㄱ

거짓말하지 마세요. 111
공안까지 가는데 도와주세요. 108
괜찮아요, 상관없어요. 20
구급차를 불러 주세요. 108
근처에 가까운 약국이 어디 있을까요? 111
근처에 약국이 있나요? 26
길을 건너다 오토바이와 부딪혔어요. 109
길을 잃어버렸어요. 109

ㄷ

다리가 부러진 것 같아요. 109
다시 한 번 말해 주세요. 22
두통이 심해요. 110

ㅁ

목이 아프고 열이 나요. 110

ㅂ

반창고가 필요합니다. 110
방에 도마뱀이 들어왔어요. 108
벌레에 심하게 물렸어요. 110
벌레 쫓는 약 좀 주세요. 28
복통이 너무 심해요. 110
분실 신고서 작성을 대신 해 주실 수 있을까요? 108
비행기를 놓쳤어요. 26

ㅅ

사기를 당한 것 같아요. 108
살려 주세요! 111

ㅇ

아까 다 촬영해 두었어요. 111
아니요. 21
안녕하세요. 20
어디서 잃어버렸는지 모르겠어요. 110
ATM이 어디에 있나요? 29
여행자 보험이 있어요. 109
열쇠를 잃어버렸어요. 110
오해가 있는 것 같아요. 111
원하지 않습니다. 24

ㅈ

작은 돈으로 바꿔 주세요. 28
잘 모르겠습니다. 23
잠깐만요. 22
저 좀 도와주세요. 111
저 좀 도와주실 수 있을까요? 23
저는 잘못이 없어요. 111
죄송합니다. 111
지갑을 도난 당했어요. 109

ㅎ

한국어를 하는 사람이 있을까요? 108
한국으로 전화할 수 있을까요? 108
화상을 입었어요. 110
화장실을 좀 써도 될까요? 109
휴대폰을 소매치기 당했어요. 109
휴대폰을 잃어버렸어요. 26

여행 영어
무작정 따라하기

부록
MP3 파일
무료 제공

라이언 지음 | 236쪽 | 13,000원

두 권으로 즐기는 완벽한 여행!

2주 전 '벼락치기 할 사람'도 '무작정 떠날 사람'도
이 책이면 됩니다

난이도	첫걸음	초급	중급	고급

기간	해외여행 D-2주, 하루 30분

대상	영어는 물론 현지의 문화와 에티켓까지 챙기고 싶은 예비 여행자

목표	현지에서 영어로 음식 주문하고 관광지 찾고 쇼핑해보기

유하다요의
10시간 일본어 첫걸음

책 속의 책
〈쓰기노트〉
무료 제공

특별 서비스
· 유튜브 강의 무료 제공
· mp3 파일 무료 제공

전유하(유하다요) 지음 | 412쪽 | 19,000원

'히라가나부터 생활회화까지'
일본어 기초를 10시간 만에 끝내는 방법!

유하다요의 무료 강의로! 군더더기 빼고 핵심에 집중해서! 내가 써먹을 수 있는 단어와 표현으로!
꼭 필요한 것만 담은 미니멀 첫걸음으로 가볍게 시작하고 홀가분하게 끝내자!

난이도	**첫걸음** 초급 중급 고급	기간	10시간
대상	히라가나부터 차근차근 일본어에 입문하려는 학습자	목표	기초 일본어를 완벽하게 내 것으로 만들기

베트남어 회화 핵심패턴 233

김효정 지음 | 280쪽 | 16,000원

단어만 갈아 끼우면 말이 튀어나온다!

베트남 원어민이 엄선한 가장 기본적인 일상 회화 패턴만 모았다!
문법적 요소를 떠올리지 않고도 시원하게 베트남어로 말할 수 있다.

난이도	첫걸음 **초급** 중급 고급	기간	80일
대상	회화를 본격적으로 시작하려는 초급자	목표	내가 말하고 싶은 문장 자유자재로 만들기

여행 베트남어 무작정 따라하기

한국인이라고 말할 때

한국 사람입니다.
[또이 라 응어이 한 꿕]
Tôi là người Hàn Quốc.

잘 모르겠으면

잘 모르겠습니다.
[또이 콩 비엣 아]
Tôi không biết ạ.

고수를 못 먹는다면

★북부에서

고수 빼 주세요.
[신 해이 버 자우 무이]
Xin hãy bỏ rau mùi.

★남부, 중부에서

고수 빼 주세요.
[신 해이 버 자우 응어]
Xin hãy bỏ rau ngò.

쇼핑할 때

입어 봐도 될까요?
[막 트 드억 콩 아]
Mặc thử được không ạ?

시장에서 흥정할 때

싸게 해 주세요.
[반 재 쪼 또이 디 아]
Bán rẻ cho tôi đi ạ.

비싸요.
[막 꽈]
Mắc quá.

해외여행 경험이 부족해도,
베트남어에 자신 없어도!
이 책 한 권이면
자신 있게 떠난다!

STEP 1
출국 2주 전

여행 베트남어가 궁금하다!

미리 보는 책을 펼친다. 여행에서 자주 쓰는 패턴을 익히고 실제 상황을 시뮬레이션 하며 더 완벽한 여행을 준비한다!

STEP 2
출국 1일 전

내게 꼭 필요한 베트남어만 골라두자!

가서 보는 책을 펼친다. 전체적으로 훑어보면서 자주 쓸 만한 표현을 표시해 두거나 스마트폰으로 캡처해서 필요할 때 바로바로 찾을 수 있게 해둔다!

STEP 3
드디어 출국!

<가서 보는 책>만 가방에 쏙!

가서 보는 책만 쏙 빼서 가볍게 들고 출발! '한글 발음표기'가 있어서 어떤 상황에서도 당황하지 않고 콕 집어 말할 수 있다!

#여행베트남어 #베트남여행 #생존표현 #무따기한권이면
#해외여행준비끝 #여행베트남어무작정따라하기